Lettres d'engueulade

Un guide littéraire

JEAN-LUC COUDRAY

LETTRES D'ENGUEULADE

Un guide littéraire

ÉDITION AUGMENTÉE

Illustrations d'Alban Caumont

L'ARBRE VENGEUR

DU MÊME AUTEUR (BIBLIOGRAPHIE SÉLECTIVE)

AUX ÉDITIONS DE L'ARBRE VENGEUR :

Le professeur Bouc (2005)
Entre fous (2014)

CHEZ D'AUTRES ÉDITEURS :

Les Histoires de M. Mouche, (ill. Mœbius), Hélyode 1994
La Famille immobile, L'Anabase 1995, 2005
Comme un I, Radis Noir 1997
Nona, L'Amourier 1997, 2005
2001 après Jésus-Christ, (ill. Mœbius), Stardom 2000
Outrages à l'Évolution, L'Anabase 1998
Les Nouvelles Histoires de M. Mouche, Tao 1998
Dimitri le Monstri, L'Anabase 1999
Citron, (ill. Gil) Tao 2000
Monsieur le curé, L'Amourier 2003
Les Pulsions de M. André, L'Anabase 2005
Les deux îles de Robinson, Bleu Autour 2006
Erik le rouge, Castells 2007
Dialogues avec Satan, L'Amourier 2008
Cosmos africain, (ill. Djoul) Zanpano 2008
Pensées truquées, L'Anabase 2009
L'Avenir est notre poubelle, Sulliver 2010
Mister Tock, L'Amourier 2010
Je n'ai plus besoin de moi, Atelier de l'Agneau 2011
Les métiers secrets de la bande dessinée, (ill. Reuzé) Boîte à Bulles 2013
Tractatus Biologico-metaphysicus, L'Anabase 2014

Pour la bibliographie complète, voir le site : www.jean-luc-coudray.com

15 rue Berthomé
33400 Talence

www.arbre-vengeur.fr

Nous nous faisons tous régulièrement agresser sans pouvoir vraiment répondre. Ces modèles de lettre d'engueulade reprennent un à un les cas les plus courants où des mal polis viennent gâcher le déroulement de nos activités. Ainsi, vous pourrez renvoyer leur vérité aux handicapés du respect d'autrui.

LA SITUATION

Un conducteur de quatre-quatre se colle derrière vous sur la route.

LA LETTRE

Cher Monsieur,

Mes rétroviseurs m'ont informé de la présence de votre pare-chocs anti-buffle collé contre ma voiture, me signifiant que je ne roulais pas assez vite et que mon existence entravait votre liberté.

J'ai bien compris que vous avez choisi de dépenser la valeur d'un appartement pour l'acquisition d'un bunker métallisé aux vitres sombres, synthèse entre le coffre-fort, le blindé et le robot, pour vous déplacer en ne risquant de tuer que les autres. Cet engin de protection et d'attaque, dont la vocation militaire est suggérée par la capacité tout terrain, se maquille en véhicule civil par un revêtement brillant. Ainsi, l'arrogance financière, la disproportion du luxe ont pour fonction d'intégrer la barbarie dans la civilisation. Votre char d'assaut se veut humain par l'étalage du fric, montrant qu'il s'intègre dans une économie et une mode, cherchant à légitimer la violence par la fausse moralité de l'argent, ajoutant l'insulte au danger.

Le quatre-quatre est un camion déguisé en voiture qui, en proposant les services d'un véhicule privé, pollue et massacre comme un camion. Vous avez choisi de ne considérer les autres que comme une chair à écraser, réduisant le rapport avec votre prochain à la pure confrontation physique. Vous déléguez, en outre, cette relation à une machine, évitant la vérité du contact corporel. Votre moi n'est qu'un ver solitaire isolé par une carapace. Si vous en voulez aux autres, c'est parce qu'ils étalent, sous vos yeux, leur capacité à vivre sans la protection d'un quatre-quatre.

D'ailleurs, votre anatomie de mollusque, qui n'a pour squelette que la résistance de la confusion, échappe à toute préhension de l'intelligence. Vous regarder égare. Vous écouter disperse. Une multiplicité contamine votre interlocuteur. Votre regard n'est que le relais docile de la haine. Vous mimez l'apparence humaine pour sauvegarder une respectabilité. Vous voulez dominer les autres car vous n'êtes pour vous-mêmes qu'un autrui incompréhensible, une horde haïssable, une cohue de pulsions. Pour organiser ces affects, vous faites appel à la technologie, cette idéologie incarnée en ferraille. Votre bagnole surdimensionnée est votre philosophie matérialisée. Transgresser le code de la route ou effrayer les petites voitures est le plafond de votre liberté. C'est ce que vous nommez *aventure* et qu'illustrent vos pneus en forme de mâchoire. Vos pensées sont prévues par le tableau de bord de votre véhicule. La bêtise est une technique pour éviter les relations humaines.

En tant que con, vous n'êtes qu'un technicien de plus.

Bonne répétition,

LA SITUATION

Une personne vous interroge sur votre vie et répond à votre place.

LA LETTRE

Chère Madame,

Dans le cadre d'une réunion mondaine dans votre salon hermétiquement esthétique, vous m'avez interrogé sur ma vie, mon emploi du temps, mon activité, mes rémunérations, dans l'objectif d'une remise à jour. Cette réactualisation de mon personnage avait sans doute pour but de calmer votre angoisse devant un possible renouvellement de ma personne. Cependant, le temps que je prenne ma respiration pour vous répondre, vous proposiez déjà une réponse toute faite, puis la complétiez d'une mimique de votre visage qui interprétait que j'avais tacitement donné mon accord. Ainsi, votre monologue me prenait en otage pour valider, sans mon consentement, le portrait que vous élaboriez de moi. J'assistais, impuissant, à l'étalage de conclusions inquiétantes qui décrivaient, avec force convictions, la caricature qui me désignait et que vous entreteniez habituellement dans les conversations de salon.

Bien entendu, je me levais tard, travaillais peu, m'amusais en travaillant. J'étais un jouisseur désinvolte, peu sérieux mais me prenant au sérieux, qui exagérait son talent pour légitimer une fainéantise. Finalement, un clown sympathique à qui on pardonnait ses prétentions sans graves conséquences, tant qu'il ne se mêlait pas de critiquer les valeurs de la classe aisée. Ces valeurs me parurent doubles : la foi en la rationalité scientifique qui préserve de la superstition des sauvages (tout le monde est sauvage sauf les Occidentaux) et la foi chrétienne qui préserve également de la superstition.

Cette conversation à sens unique m'a révélé le fonctionnement de vos sociétés mondaines. Vos réunions sont des fêtes cannibales dans lesquelles vous sacrifiez des humains extérieurs à votre cercle privilégié, jeune encore malléable, artiste empêtré dans sa modestie ou humble conjoint desservi par sa sincérité, pour prélever chez eux l'énergie vitale qui renouvelle votre croyance dans les convictions qui fondent votre sentiment de supériorité.

Ces sacrifices humains se perpètrent dans des salons bourgeois qui sont de véritables musées à la gloire des passions tribales, puisqu'ornés majoritairement de statues ethniques, de masques rituels, d'épouvantails de sorcellerie, d'objets magiques et autres bibelots chamaniques. Ces objets surnaturels sont étalés comme des trophées.

Vous-mêmes ressemblez à une momie surgie d'on ne sait quelle pratique obscure, morte dans un corps de zombie aux agitations réglées par quelque mécanique qui vous est étrangère. Vos cheveux ménagers, piqués absurdement sur un crâne nettoyé de toute féminité, auréolent gravement un visage en creux, rides, trous, dépressions, affaissements, et dont les inopportunes rigoles de chair ne servent qu'à séparer des expressions vides. Ce masque mélancolique, où le bien et le mal se cristallisent dans un accord esthétique, a la rigidité des blasons aristocrates. Quand la violence et la folie sont domestiquées par les courbettes langagières des attitudes convenues, il en surgit une face présentable, c'est-à-dire organisant des méchancetés en véhicule policé. Cette énigmatique machine parasite les naïfs dont la liberté lui sert de combustible.

La superstition consiste à donner du sens à ce qui n'en a pas. Votre travail est d'enlever le sens à ce qui en a. Êtes-vous sûre d'échapper vraiment à la superstition ?

Bonne soirée,

LA SITUATION

HADOPI (Haute Autorité pour la Diffusion des Œuvres et la Protection des Droits sur Internet) vous envoie un mail parce que vous avez téléchargé une musique.

LA LETTRE

Cher HADOPI,

Je viens de recevoir ton message impersonnel qui me reproche, non pas d'avoir téléchargé une musique, mais de ne pas avoir suffisamment sécurisé mon ordinateur.

Comme tu ne peux, légalement, me reprocher de télécharger un fichier musical, comportement conforme au droit de copie à usage privé, tu inventes un subterfuge pour me piéger. Ainsi, je suis tenu, par la loi, d'installer sur mon ordinateur un logiciel qui empêche des pirates de détourner mon instrument pour de malhonnêtes intentions. Si les pirates sont plus malins que moi, je deviens coupable.

Nous savons qu'il n'existe aucun mur infranchissable en informatique et que les spécialistes seront toujours en avance sur l'usager que je suis.

Ainsi, tu as fabriqué une loi qui me rend coupable si je suis moins performant, en tant qu'informaticien, que des ingénieurs surdiplômés qui travaillent dix-huit heures par jour sur une plateforme pétrolière, en eaux internationales ou dans un paradis fiscal, financés par des émirats ou des groupes organisés pour déstabiliser l'Occident.

En clair, me voilà promu au rang de soldat de la cyberguerre, par le seul fait d'être connecté à internet et de pouvoir être victime d'un acte de piraterie, avec pour sanction, en cas de défaillance, le tribunal. C'est à moi de défendre l'Occident à ta place, c'est-à-dire de protéger notre pseudo-démocratie au service des banques d'affaires, sous peine d'être puni.

D'ailleurs, l'un des volets de la punition est de me supprimer du réseau, c'est-à-dire du poste de combat, confirmant que je suis bien jugé comme un mauvais guerrier.

Tu trahis ta vision du monde où chacun est dressé contre l'autre, et où celui qui ne se méfie pas est considéré comme suspect. C'est comme si une loi m'obligeait à verrouiller ma porte sous peine d'être jugé comme un traître parce que je fais à confiance à autrui, donc à l'ennemi.

De plus, je suis condamné pour incompétence, ce qui promulgue le technicien au rang de valeur morale et fait du poète, du fou, du rêveur, de l'artiste, ou de l'homme ordinaire un délinquant.

Pour être conforme à la loi, je dois être soldat et technicien, c'est-à-dire une machine de guerre, comme toi, HADOPI. Je suis pénalisé si je ne te ressemble pas, si je ne reflète pas ce que tu es.

Cependant, en tant que soldat et technicien, tu n'es pas bon, HADOPI. Tu es impuissant à empêcher les téléchargements, dépassé par les détours innovants que les vrais experts élaborent chaque jour.

C'est pourquoi j'espère que la loi se retournera contre toi.

Avec mes hommages.

LA SITUATION

Une femme vous traite d'homosexuel parce que vous ne la trouvez pas séduisante.

LA LETTRE

Chère Madame,

Vous avez mis en doute mon orientation sexuelle parce que je n'ai pas été sensible à vos charmes.

Je me permets, puisque vous abordez le sujet de la séduction féminine, de vous donner un point de vue masculin sur votre personne.

Vous faites partie de cette majorité de femmes qui, même jeunes et jolies, recomposent artificiellement leur féminité par des attributs extérieurs, comme les souliers à talons, le rouge à lèvres, le gel des cheveux ou l'ombre des paupières. Vous dissimulez ce que vous êtes par des signes. Ce maquillage, qui vous déguise en phantasme universel, a pour fonction de séduire tous les hommes. Sachant que la singularité divise et que la banalité accorde, les femmes qui se transforment en mannequins de magazine ont pour ambition de plaire à tous, à l'exemple de la publicité qui, pour élargir son public, se vide de toute signification. Votre jupe courte, vos bagues énormes, vos yeux redessinés sont une écriture grand public. Vos allures de top-modèle, votre marche déhanchée, votre manière de croiser les genoux, visent la foule et non la personne. Vous êtes vous-mêmes une foule puisque exemplaire interchangeable de cette foule de femmes, toutes identiques, que je croise quotidiennement dans la rue.

Votre méthode consiste à accentuer les caractères féminins secondaires, à savoir les grands yeux, les longs cheveux, les formes rondes et les jambes étirées. Vous ressemblez à un poème dans lequel les mots, considérés comme jolis, seraient imprimés en gras afin d'attirer l'attention du lecteur. L'exagération de vos spécificités sexuelles dégrade la qualité en quantité. De plus, le bleu des paupières, le rouge écarlate de vos lèvres, la jupe courte et le soulier à talon qui isolent votre mollet, découpent votre corps en zones érogènes indépendantes, ramenées à la trivialité de l'organique et à l'inhumanité du pornographique. Votre être est divisé en attributs, votre unité sensuelle en dissociations impudiques.

Ce théâtre corporel qui hurle, en deçà de tout langage, l'affirmation brutale d'une féminité universelle fait douter de l'existence de la femme réelle, introuvable dans ce carnaval. Votre imitation de la femme vous fait ressembler aux travestis qui exacerbent les signes féminins pour dissimuler qu'ils sont des hommes.

Tant que vous arborerez le masque pathologique de la fausse femme, vous exciterez l'homosexualité des hommes dont la fascination pour les travestis trahit le goût pour l'ambiguïté.

Si l'homme est globalement hétérosexuel, la foule est homosexuelle. Vous ne me séduisez pas parce que je suis un individu.

Bonne chance,

LA SITUATION

Un patron de bistrot vous engueule parce que vous êtes venu uriner dans ses toilettes sans consommer.

LA LETTRE

Monsieur,

Vous avez techniquement raison. Seul l'usager qui commande un café accède au droit de boire, parler et pisser.

Cependant, vous n'ignorez pas que la rue est un terrain de pure circulation, qui transforme les piétons en véhicules. Les gens vont de la maison au bureau et du bureau au magasin. Les bancs sont durs pour empêcher les *sans domicile fixe* de s'y installer. Les WC sont rares et payants. Les avenues sont tapissées de publicités déroulantes et lumineuses qui nous enjoignent de partir. La rue est un lieu de flux tendu où les humains circulent à la manière de marchandises. Ils ne sont que forces de travail ou pouvoirs d'achat en déplacement. Le piéton n'a pour seul décor que des façades verrouillées comme des coffres-forts où chacun protège les territoires de repos enlevés à l'espace public.

L'innocente tentation de traverser un café, en profitant d'un certain désordre, pour tricher en urinant dans des toilettes au statut mi-privé, mi-public, reste la seule humanité que l'on peut grappiller à l'extérieur de chez soi.

Vous êtes un gagne-petit. Vous vivez de l'accumulation répétée de consommations dérisoires, cafés, liqueurs ou limonades, réglées en pièces jaunes. Vos fins de mois ne sont que l'addition de notes qui, considérées une à une, sont chacune négligeable. Ainsi, vous assimilez l'essentiel, votre équilibre financier, à l'accessoire, la pièce d'un euro qui trébuche sur votre comptoir. Cette confusion alimente votre narcissisme qui élève le relatif, votre petite personne entretenue par l'accumulation de paiements sans importance, à la hauteur de l'absolu. C'est pourquoi la violation de vos toilettes agresse l'entièreté de votre être et explique la disproportion de haine que vous m'avez déversée.

D'ailleurs, cette survalorisation du petit, encourage, sur votre visage, l'enflure des organes de survie, comme votre nez métastasé, vos oreilles déculottées, votre bouche décintrée comme un vagin horizontal, vos joues surendettées, votre front en visière américaine. Il en résulte un visage qui ressemble à un biotope où pousse n'importe quoi, dans le chaos récréatif d'une idiotie ordinaire, qui diffuse un regard fatigué et sucré, conséquence passive de vos compromissions. Les grains de peau, les boutons de vieillesse, l'acné alcoolique, la cirrhose de l'épiderme, les contrefaçons cellulaires prolifèrent dans d'abominables extases individuelles, produisant une répugnante diversité. Ces conflits d'intérêts qui tapissent votre figure en éparpillent l'expression au point que vous disparaissez dans le multiple.

C'est pourquoi je vous vouvoie, à cause de votre quantité et non de votre respectabilité.

Mes respects cependant,

LA SITUATION

Vous rencontrez quelqu'un d'une intelligence supérieure.

LA LETTRE

Bonjour,

Lors du dernier repas dans les salons de Madame de Remontier, j'ai apprécié votre vive intelligence.

Vous avez résumé, en d'étonnantes synthèses, les conflits structurels de la pensée, la distinction naturelle des catégories, traçant les lignes de force d'une interprétation du monde qui nous a réduits au silence. Vos conclusions étaient définitives, intouchables comme la beauté.

Cependant, votre démonstration ne m'a pas convaincu. Car l'intelligence, en tendant vers l'objectivité, élimine la singularité individuelle. En établissant des vérités indiscutables, vous muselez non seulement vos contradicteurs mais aussi vous-mêmes. Car vous vous réduisez à n'être que le porte-parole d'une analyse impersonnelle et non de votre désir.

Nos erreurs, nos confusions, nos approximations n'expriment pas seulement un défaut d'analyse mais aussi nos rêves, nos troubles, nos attentes. Les qualités sont universelles et les défauts singuliers. C'est mon imperfection, et non mes performances, qui crée mon style.

Le discours mathématique, rigoureux, est à sens unique. Il parle sans envisager de réponse. Sa vérité s'impose comme un totalitarisme.

Votre jeunesse, votre forme physique, votre réussite sociale s'affirment également comme un totalitarisme. Votre domination financière et intellectuelle est incontestable. Vous êtes beau, sans discussion. Ce triomphe vous isole comme un tyran. Installé dans la vérité, vous ne pouvez recevoir la critique que comme une mauvaise foi. Votre supériorité cérébrale fonde votre paranoïa. Je lis dans votre regard le soupçon sur vos contemporains. Vous n'êtes entourés que de resquilleurs tandis qu'au garde-à-vous devant le diktat du réel, vous défendez la moralité du bien-pensant.

Votre visage est aussi simplifié qu'une équation, sans mystère puisque sans mensonge. Vos yeux ont la pureté de l'inexistence, la froideur du mécanisme optique. La logique, qui vous tient lieu de système nerveux, vous fait penser par réflexe, dans l'absence de tout sentiment. Vous n'êtes qu'une machine à fric dont vous mimez l'idéale abstraction.

Et cependant, vous êtes une énorme erreur.

Salutations.

LA SITUATION

Un ami meurt sans vous avoir dit au revoir.

LA LETTRE

Cher Roger,

Alors que j'allais te voir à l'hôpital, je t'ai trouvé étendu sur le couvre-lit, tout habillé et parfaitement mort. Ton corps avait l'immobilité d'un sac de voyage et ton visage, aux yeux fermés, était devenu une sculpture à ton hommage. La mort que tu exposais répondait à l'avance à toute question que j'aurais pu te poser. Tu me réduisais au silence, me communiquant par force le silence qui t'avait envahi.

Je ne puis évidemment te reprocher d'avoir été emporté par ta maladie, étant donné la domination des contraintes matérielles sur les décisions de l'esprit. Cependant, je ressens comme une facilité de s'incliner devant les forces majeures sous prétexte de sa propre impuissance. Loin de prétendre que tu aurais pu t'empêcher de mourir, quoiqu'aucune certitude n'existe véritablement à ce sujet, je me demande dans quelle mesure ce courant qui t'a emporté ne t'a pas soulagé des obligations de l'existence. L'une d'entre elles étant, en disant au revoir à ses amis pour les prévenir de son départ, de clore correctement tes relations en évitant de laisser derrière soi une impression d'inachevé. La radicalité de ta disparition tend en effet à me convaincre que la mort ne t'a pas emporté contre toi mais dans l'exercice d'une séduction. L'absence de conflit qu'exprime ton visage détendu, entièrement dévoué à ton décès, témoigne d'un abandon que tu n'as jamais été capable de réaliser dans ton existence. Ce revirement me trouble. Je suis presque jaloux de cette capacité du mystère à te ravir entièrement, corps et esprit, alors que l'amitié te dérangeait au bout de quelques heures. Je sais que la maladie attaque l'organisme selon un processus secret, qui nous échappe, et que l'ennemi t'a pris par-derrière. Mais à force de progresser, l'ennemi gagne l'avant. Et là se situe le point de collaboration que je te reproche.

Je n'ignore pas ta faiblesse ces derniers temps, ton visage décoloré, ta peau désinvestie, tes malaises perpétuels qui détournaient ta générosité vers ta propre personne, tes délires qui t'enlevaient toute maîtrise. Mais l'énormité de ta faiblesse ne t'a-t-elle pas servi à dissimuler une trahison ? N'est-ce pas dans les catastrophes que les meilleurs amis révèlent leur égoïsme et dans les pires maladies que les êtres reviennent à leur véritable nature ? Quelle assurance d'amitié ton visage imperturbable peut-il maintenant m'offrir ?

Depuis que je te parle, je vois ton corps se couvrir de taches sombres. Le mouvement qui t'a emporté n'est pas fini. Tu continues à t'éloigner de moi. Dans les années qui suivront, c'est ton souvenir qui se désagrégera comme ton cadavre se défait sous mes yeux. Sans révolte de ta part, la destruction de notre relation continuera jusqu'à ma propre mort.

Je sais mon accusation injuste. Mais que reste-t-il en dehors de l'injustice pour se défendre des inadmissibles lois de la réalité ?

Adieu,

LA SITUATION

Un présentateur de télévision vous regarde avec mépris au travers de l'écran de votre téléviseur.

LA LETTRE

Cher Monsieur,

Tandis que j'assistais à votre dernière émission, vous avez jeté sur moi un regard méprisant alors que vous n'aviez pas la possibilité de me voir.

Bien qu'ignorant mon existence, c'est à moi que vous vous adressiez puisque vos agitations supposaient la présence des spectateurs invisibles auxquels vous vous vouiez.

J'ai senti que votre dédain s'appuyait sur mon invisibilité, retournant à votre avantage le fait que les autres sont beaucoup plus nombreux que soi, et que c'est cette multitude qui les empêche de passer à la télévision.

Vous tiriez votre supériorité de l'éclairage médiatique qui vous délivrait de l'anonymat et élevait au rang d'événement l'exhibition de votre familiarité professionnelle.

Or, pour satisfaire à cette exigence d'événement que fait peser la télévision, vous tentiez de mimer l'intelligence, confondant l'aisance avec la désinvolture, le talent avec l'arrogance, l'humour avec l'obscénité. Votre visage, réduit par le maquillage à une caricature de série, exprimait le sot contentement de l'adaptation au théâtre dérisoire du plateau de télévision. Votre front sans imprimerie, vos yeux qui ressemblent à des cafards indépendants, votre nez boxé par la lumière, votre bouche érectile, capable de récupérer toutes les singularités, votre parole assistée par l'électricité, vos joues au confort ambigu, votre peau confuse, chirurgicalement instruite, composaient un dédain complice qui attendait l'adhésion des téléspectateurs sur leur propre insulte.

Vous présentiez, derrière cet écran qui vous protégeait mieux qu'un rang de C.R.S., la pure habileté, c'est-à-dire un conglomérat de ruse, de fluidité corporelle, d'abominable liquidité psychique, d'énergie dégoûtante qui mélange la stimulation nerveuse et l'enthousiasme de l'esprit, de souplesse écœurante, d'absence de hiérarchie organique, de chaos mental. Ce puzzle contre-nature était au service de l'image, c'est-à-dire d'une séduction qui, en s'adressant à tout le monde, injuriait chacun.

Car tel est le secret de la vulgarité : s'adresser à l'autre comme si on le connaissait, comme s'il ne portait aucun mystère. Et voilà votre trivialité : être le copain de la foule. Et c'est toute la bêtise libidineuse de la foule, sa méchanceté et sa capacité à lyncher qu'exprime votre visage complice.

Je ne vous aime pas car je n'aime pas la foule.

Cordialement,

LA SITUATION

Un témoin de Jéhovah vous vend Dieu comme un aspirateur.

LA LETTRE

Cher Monsieur,

Je vous remercie de vous préoccuper de sauver mon âme, prévoyant ainsi de peupler le paradis de futurs amis qui vous seront, sur les gazons édéniques, éternellement dévoués.

Cependant, votre vision de Dieu, personnage barbu et vengeur, qui précipite dans les flammes ceux qui n'ont pas eu la chance de posséder une porte pour qu'un représentant vienne lui parler de la Bible, me paraît aussi étriquée que votre visage sans rides. Le paradis que vous louez n'est qu'un terrain d'abondance et de loisirs, un club de vacances pour riches où des imbéciles immortels observent sans solution de secours des lions castrés lécher amoureusement la chair interdite des gazelles. Votre Dieu n'est qu'un patron narcissique qui récompense ceux qui le servent et punit ceux qui pensent par eux-mêmes. La résurrection des corps et la perspective du paradis sur la Terre dévoilent, outre un manque d'imagination, le matérialisme strict d'une religion sans transcendance. Loin de proposer le bonheur à l'homme en approfondissant sa relation au mystère, vous lui vendez, comme dans n'importe quelle réclame, la jeunesse éternelle et le zoo gratuit à portée de la main. Il n'est pas étonnant que vous fassiez du porte-à-porte, vendant Dieu comme un aspirateur, puisque l'Être suprême n'est qu'un produit assorti d'un mode d'emploi qu'il a écrit Lui-même. Votre interprétation de la Bible, à la lettre, dans l'obéissance tatillonne d'un collégien ânonnant devant les voyelles et les consonnes, relève de l'intelligence narrative, cette capacité primitive de l'enfant de ne comprendre le monde que par l'intermédiaire d'historiettes naïves. Au lieu d'accéder à l'intelligence adulte, qui raisonne par causalité, vous vous bornez à comprendre le monde au travers d'histoires dont vous rendez compte à la manière d'un policier.

Je ne suis donc pas surpris de votre expression de commerçant, de vos yeux domestiques aux lueurs de détergent, de vos joues idéalisées par l'hygiène mais obsolètes, vos oreilles de bébé conforme, votre bouche copiée, votre menton de bon élève, vos sourcils « made in China », vos cheveux moquettés, votre peau de petit blanc importé, votre corps en forme d'uniforme, vos mains increvables dans leur médiocrité invincible, cette impression de déjà-vu que vous cultivez comme une morale et que votre silhouette diffuse comme une sueur sucrée, vos gestes de prédateur soumis, cette sainteté d'album qui vous assimile à un timbre-poste, ce déni de l'énigme de l'Univers qui vous fait présenter le cosmos comme une maquette d'enfant.

Mon âme est déjà sauvée puisque vous me dégoûtez.

Salutations.

LA SITUATION

Le maire de votre ville a répandu dans les rues des publicités déroulantes et lumineuses.

LA LETTRE

Monsieur le maire,

Vous avez autorisé l'implantation de robots déroulants et lumineux qui envahissent l'espace public en affichant de façon automatique des réclames. Ces stimuli sensoriels, dont le mouvement brutal et discontinu, ainsi que l'éclairage, piègent l'attention, profanent définitivement le droit à la vision globale. La tranquillité de l'esprit est entravée, dans le territoire urbain, par les intrusions froidement mécaniques de ces paroles et de ces images vides de sens dont les contenus agressifs et mensongers prennent le pouvoir avec arrogance. En livrant l'habitat public à la vulgarité des multinationales privées, vous outragez l'espace collectif, lieu social par excellence. En même temps, vous humiliez l'espace intérieur, qui est la conscience intime de chacun, et qui doit supporter la violence d'une bêtise assistée par la technique.

En ouvrant le territoire urbain à la propagande marchande, vous devenez coupable d'intelligence avec l'ennemi.

La ville, structure merveilleuse qui réalise l'accord des hommes, c'est-à-dire la solidarité, le partage, la culture et l'échange, est ravalée à une décharge animée, dopée à l'électricité, qui agite ses ordures mentales dans une répétition obsédante. C'est l'éternité même qui perd sa transcendance, réduite au geste d'aliénation de machines qui vomissent verticalement, jour et nuit, sans l'ombre d'une défaillance, leurs perverses leçons de bonheur.

Vous n'avez, Monsieur le Maire, de prestige que le vêtement d'une fonction que vous déshonorez, ne valant pas plus que les dispositifs de lavage de cerveaux que vous avez consciencieusement répartis sur les lieux stratégiques de votre ville.

Vos discours, soutenus par les néons de vos réclames, ne sont que des propagandes supplémentaires et votre visage le masque à tout légitimer.

Vous vous vendez comme une marque et vous avez raison : les marques sont les signaux qui tentent de distinguer, de la manière la plus arbitraire, des produits interchangeables.

Avec mes respects,

LA SITUATION

Quelqu'un se fiche de vous parce que vous n'avez pas de compte sur Facebook.

LA LETTRE

Bonjour,

Tu m'as fait hier une réflexion, fustigeant mon absence d'inscription sur un réseau social en ligne, type Facebook, et mon indifférence au sujet des nouveaux outils de communication.

J'en déduis que l'individu normal, dans un contexte mondial de circulation d'informations et de marchandises, devrait, à l'image d'une entreprise d'import-export, envoyer et recevoir quotidiennement, grâce à son adhésion à Facebook, une quantité importante de photos ou de messages. Il devrait collectionner les « amis », entités branchées sur sa page, fournisseurs ou destinataires des informations en question. Ainsi, il devrait mimer le comportement de l'économie planétaire dont la croissance et la vitalité se mesurent au nombre d'échanges et non à la véritable création de richesses.

De même que la jouissance corporelle s'amplifie par l'augmentation des passages de matière au travers des frontières organiques, lorsque nous mangeons, évacuons, copulons, de même les déplacements de marchandises entre pays multiplient les taxes, prélèvements et plus-values, engraissant des parasites qui jouissent des allers-retours de l'agitation économique.

Tu soumets ton plaisir à la quantité de photos de vacances, de plaisanteries de camelot, de gags à tout faire qui traversent les orifices électroniques de ton territoire virtuel, t'offrant un bénéfice et une réparation narcissique à chaque déplacement, dans la pure logique pulsionnelle propre à la pornographie des corps ou des multinationales.

Les enflures affectives, les sagesses de bureau, les bisous de reconnaissance, les émotions touristiques, les confidences de chanson, les trouvailles alcooliques, les photomatons de belle-sœur, les anniversaires flashés comme par des radars autoroutiers, les visages cirrhosés d'enthousiasmes, les bébés dépossédés du droit sur leur image, les gâteaux tristement excessifs, sont échangés comme des bonbons ou des pansements.

Diffusé en ligne, le banal devient du conforme, l'ordinaire du vulgaire, le sentiment de l'émotion, la tendresse de l'attendrissement, l'amitié de la trivialité.

La valeur relationnelle se mesure désormais au débit. La vie sentimentale se gère avec un outil professionnel.

Les amis se capturent comme des clients.

Je suis au regret de te dire que je préfère fréquenter mes amis sans passer par la planète.

Cordialement,

LA SITUATION

Sur la plage, une charmante jeune fille vient demander du feu au jeune bronzé d'à côté plutôt qu'à vous.

LA LETTRE

Bonjour,

Vous avez eu raison de demander du feu au dragueur professionnel de la plage plutôt qu'à moi car je ne possède jamais de briquet.

Je refuse en effet les codifications des rapports de séduction. Ils débutent toujours par des échanges de cigarettes et se terminent chaque fois par une montée rapide des contacts aboutissant, avec peu de délai, à la mise en commun des zones érogènes.

Ce chemin balisé évite la véritable rencontre faite d'inventions et de ratages.

Si la beauté de votre jeunesse est enrégimentée dans la banalisation d'un maquillage outrancier, métanature superposée à votre épiderme, c'est pour doubler la fraîcheur de votre visage d'un mode d'emploi trivialement adressé aux phantasmes masculins.

La suite se devine aisément. Vous allez répéter une

pièce artificielle, faite de baisers hollywoodiens, que vous penserez légitimée par l'excitation biologique. La coïncidence des organes, comme un tampon officiel, confirmera à vos yeux le bien-fondé de votre mise en scène.

L'orgasme est une réponse toute faite qui récupère tout et valide les conformismes. Une fois débarrassée de votre pulsion, vous verrez que le beau jeune homme n'était qu'un adipeux adolescent, incestueusement dépendant, qui vous a utilisé pour sa masturbation parce qu'il manquait d'imagination.

Le mensonge à deux est la complicité qui reste aux imbéciles à défaut d'un véritable échange.

Ce qu'on appelle le lien social est cet accord tacite entre les gens médiocres qui se pardonnent les uns les autres l'étroitesse de leur vie afin de mieux supporter leurs identiques renoncements. Du clin d'œil du tonton aux câlins devant le feu de cheminée, il n'y a qu'associations de malfaiteurs. Le plaisir sexuel, automatique et immédiat, est l'artifice authentifiant les fausses paroles.

Lorsque les gens vieillissent et que la biologie échoue à soutenir les faux-semblants, la haine prend le relais. Provoquer la souffrance dans la vie de l'autre est encore une tentative de fabriquer du vrai.

Cessez de fumer et vous échapperez aux dangers du tabac.

Cordialement vôtre,

LA SITUATION

Un patron vous prétend que ses caisses sont vides afin de vous refuser une augmentation.

LA LETTRE

Cher employeur,

Vous obéissez à une règle aussi vieille que l'humanité : les salauds cherchent une logique qui les défend. Ils ne peuvent accepter ce qu'ils sont et légitiment leurs agissements par une raison supérieure. Leur mensonge intellectuel est toujours identique : le pauvre est un sous-homme et mérite ainsi d'être exploité comme un cheval.

Cependant, il est difficile de répéter à son employé ce qu'on échange à son sujet dans les salons de riches. Une pirouette grossière remplacera alors une sincérité impossible. C'est pourquoi, bien que vous engraissant sur mon dos, vous préférez m'annoncer que vous manquez encore plus d'argent que moi.

Bien sûr, vous me prenez pour un imbécile. À force de ressasser dans les soirées mondaines que je suis cérébralement inférieur, vous avez socialisé cette idée. Elle s'est incarnée dans les oreilles de vos collaborateurs, a acquis une vie, une épaisseur, une vérité. Je suis devenu un crétin dans la grande aventure des conversations de vos dîners dominicaux où la vulgarité sert de transgression et la méchanceté d'audace. Votre vie étant déconnectée de la vie, vous avez besoin de parler des pauvres pour flairer des relents d'authenticité. Leur assujettissement aux nécessités vitales leur impose cette dimension animale qui justifie votre domination. Déshumanisé, votre employé peut devenir, sans risque de confusion avec vous, un amusant sujet d'étude. Le riche, dans le cadre de sa vie de patron, s'immerge dans le biotope social comme pour un safari. Il vit d'intenses moments, confronté aux conflits avec les travailleurs, occasion de prouver son courage, alors que ses moyens financiers le protègent de tout danger véritable.

En vous présentant comme quelqu'un qui a des difficultés de trésorerie, vous voulez me faire croire que vous vivez aussi dans la réalité. J'ai bien compris que ma pauvreté vous irrite, car elle me porte à croire que l'argent fait le bonheur. C'est pourquoi vous ne fréquentez que des nantis, seuls capables de partager votre déprime.

En vérité, je sais de quoi vous avez peur. C'est qu'un imbécile de pauvre soit capable, avec peu de moyens, d'être plus heureux que vous. Et c'est pourquoi vous me maintenez en dessous de ce seuil. Si, avec quelques euros de plus, j'ai le malheur de m'épanouir, j'établis que votre argent ne guérit pas votre impuissance au bonheur.

En fait, vous ne voulez pas m'augmenter car vous avez une très haute idée de moi.

Avec mes respects,

LA SITUATION

Un jeune vous traite de vieux.

LA LETTRE

Salut,

Tu m'as traité de vieux alors que je suis encore dans la force de l'âge, à une époque où les médicaments offrent aux quinquagénaires un avenir que les jeunes ne pouvaient, il y a encore peu, espérer pour eux-mêmes.

En étant fier de ta jeunesse, tu t'attribues le don gratuit de la biologie comme si tu étais l'auteur de tes muscles et de ta peau lisse. Le fait de t'identifier à un corps que tu n'as pas fabriqué est un détournement de propriété intellectuelle qui devrait être puni de contrefaçon.

Quoi qu'il en soit, tu gaspilles un capital que tu n'as pas mérité et que tu épuises dans l'ignorance.

Ton dos voûté par l'indécision, ta nuque vaincue par le poids d'une tête sans boussole, tes épaules démobilisées, ton regard entièrement à priori, ta bouche régressive, tes mains en forme de mammifère disparu, tes joues-écrans, tes sourcils sans origine, tes postures en dessous du seuil de moralité, témoignent de la manière inorganique avec laquelle tu dépenses ta jeunesse. Fasciné par les animations stéréotypées des jeux sur internet, préférant à la vraie vie ses parodies numérisées où des héros aux idées carrées accumulent des points de vie à la façon de capitalistes, tu zappes d'addiction en addiction, bondissant de l'alcool à la fumette ou à la télé-réalité, sans même pouvoir stabiliser tes dépendances. Tu rebondis de fille en fille comme de pub en pub, interchangeant pénis et télécommande, captif de phantasmes récupérés qui glacent ta vie comme un papier de magazine. Tes enthousiasmes ne sont pas des projets mais des frétillements. Tu ne parles pas mais évacues les mots, éjectés par force centrifuge d'une pensée qui tourne en rond. Ton avenir est tellement immédiat que tu t'y heurtes comme à un mur. Ta chambre est un terrier creusé dans tes gadgets. Ton sommeil est un coma thérapeutique qui ne soigne rien. La nullité est ta transcendance. Tu revêts des tee-shirts imprimés comme des emballages de nourriture, barrés de slogans illisibles dont l'opacité te protège de toute critique. Tu portes des pantalons difformes attachés trop bas comme si tu étais incontinent. Tu ne te nourris que de sucre, excitant maternel, substitut médiocre de la masturbation.

En vérité, tu te précipites dans la médiocrité parce que ta jeunesse te permet de t'y adonner sans laideur.

Une fois vieux, nous sommes contraints, sous peine d'être sinistres, aux vertus et aux existences structurées.

Au fond, quand tu me traites de vieux, c'est un compliment.

En te remerciant,

LA SITUATION

Les femmes persistent à rester belles alors que vous avez passé l'âge de les séduire.

LA LETTRE

Mesdemoiselles,

Comme je suis vieux, vous êtes rassurées. Me pensant inoffensif, vous ne retenez plus vos attitudes. Votre beauté naturelle se libère. Vos tactiques amoureuses, irréfléchies, s'exposent dans leur naïveté. Vos fesses récentes, vos lèvres neuves s'animent avec la même liberté que si vous étiez seules. Vous êtes aussi désinhibées devant moi que devant un miroir. Et je reçois, avec la même violence que le miroir qui absorbe tout, l'entièreté de vos êtres. En narguant ainsi ma chasteté, vous aggravez mon exclusion.

À force d'éprouver ma vertu, vous risquez de réveiller en moi quelques décennies de pulsion sédimentée. Il ne faut pas sous-estimer la puissance de l'énergie sexuelle fossilisée dans un corps de vieux. En effet, la raideur étant conductrice d'énergie, une libido libérée glisse sur les ankyloses et arrive intacte sur la victime. La cristallisation de la pensée répercute et transmet. Les muscles, tétanisés par les douleurs et les bouderies, ont des réflexes d'invertébrés. Le défaut de pensée laisse passer les instincts. La moelle épinière domine facilement un cerveau fatigué. L'absence d'avenir renforce l'investissement dans l'immédiat.

Vos frêles corps peuvent voir se dresser le monument que je fus et la ruine que je suis. Mes mains, accablées d'avidité, vont saisir vos mollets d'écureuil et ramener vos chairs vers l'étreinte de la bête. J'imagine déjà vos visages de feuilleton s'effondrer au contact du thorax autoproclamé. Je vous vois stupéfaites de comprendre que le grand-père est un homme et l'homme un prédateur. Je me sens parfaitement apte à saisir vos oreilles comme de triviales poignées. Renversées sur la première couche venue, tapis, évier, table basse, vous découvrirez que le phénomène de la sublimation peut être vécu à l'envers. Vous apprendrez que les ancêtres blagueurs ne font que transformer, sous les contraintes de la civilisation, l'obsession obtuse et têtue de calmer, par l'imbécile pénétration, l'insatisfaction chronique d'un organe aveugle.

Surprises et effrayées, vous vous éparpillerez dans l'appartement, poursuivies par l'ancêtre débraillé. Plus affolées qu'un gibier, vous n'arriverez cependant pas à désactiver votre beauté. La panique rougit les joues et aggrave les convoitises. Par un effet de pression, vos corps en fuite vous rendront plus vraies et donc plus désirables. Vous échouerez à ouvrir ma porte, voyant avec horreur l'homme de proie s'approcher. Son essoufflement, les tremblements de ses membres vous feront voir la mort. La mort qui le saisira avant l'irréparable, pour le transformer en poupée inerte étendue sur le sol.

Évitez alors d'être belles, mesdemoiselles, pour d'évidentes raisons médicales.

Bonsoir,

LA SITUATION

Une femme vous explique que les médecines parallèles traitent l'ensemble de la personne et non une partie du corps comme le fait la médecine occidentale.

LA LETTRE

Chère Madame,

La science a obtenu son efficacité en réduisant son objet d'étude. Si, lorsqu'on analyse les étoiles, on s'intéresse en même temps aux fleurs, à la digestion et aux amours des sauterelles, on est certes plus ambitieux mais on obtient moins de résultats. La médecine dite holistique, qui a pour exigence de traiter l'ensemble de la personne et non seulement l'organe affecté, paraît plus exigeante que la médecine occidentale. Mais l'ambition n'a de sens que si elle se donne des moyens. Résoudre les conflits infantiles d'un sujet pour le débarrasser de sa constipation est simplement une manière de s'éparpiller. Vous vous revendiquez du yoga, qui tente d'unir le corps et l'esprit, pour défendre l'idée d'une médecine globale qui refuse de séparer le psychisme du physique. Mais la pratique du yoga consiste à ne faire qu'une seule chose à la fois, comme respirer ou s'occuper de sa posture, et non pas de traiter en un seul mouvement la multiplicité des problèmes. La médecine holistique préfère, plutôt qu'enlever la flèche qui vous traverse le thorax, résoudre l'entièreté du problème métaphysique de votre venue sur cette planète. Et si quelqu'un qui est devenu un saint, capable de méditer sans manger pendant quarante ans dans une grotte glacée dans les Himalayas, supporte sans broncher un couteau planté dans la cuisse, sommes-nous obligés de devenir des bouddhas plutôt que d'enlever la lame de notre chair ?

En vérité, votre médecin, homéopathe ou équivalent, flatte votre narcissisme en considérant que vous n'êtes pas qu'un organisme, sans pour autant pouvoir, en quelques heures, résoudre vos angoisses existentielles. En vous le laissant croire, il vous réduit à une caricature.

Mais vous êtes déjà cette caricature. En effet, votre goût pour la spiritualité, que vous rabaissez à une simple médecine, n'est que la demande d'un bien-être, c'est-à-dire d'un confort qui vous isole de toute réalité, plutôt que la recherche d'une liberté, c'est-à-dire de l'inconfort de la responsabilité.

Vous vous appuyez, pour vous soigner, sur l'union du corps et de l'esprit. Cette union est déjà réalisée chez vous. Votre confusion vous empêche en effet de distinguer votre corps de votre esprit.

Avec mes salutations.

LA SITUATION

Un riche étale devant vous une aisance impudique.

LA LETTRE

Monsieur,

Vous affichez une aisance verbale, psychologique et comportementale dont l'origine est financière. Votre bonne santé monétaire, en vous permettant d'accéder à l'esclavage consenti d'autrui, peigne le paysage humain dans le sens de vos désirs. En ajustant le monde à votre image, votre pouvoir bancaire affaiblit l'opposition du réel et vous autorise des affinités avec l'univers. Comme un miracle quotidiennement renouvelé, l'environnement coïncide avec votre moi. Vous finissez par vous identifier avec l'extérieur qui vous obéit comme vos organes. Vos caprices ainsi légitimés vous confortent dans votre validité. Bien sûr, vous n'ignorez pas que ce montage repose sur l'artifice d'un compte bien nourri. Mais comme l'argent appelle l'argent et que votre capital enfle sans effort, vous finissez par croire à une récompense du cosmos. L'idéologie du marché comme nature vient renforcer ce sentiment. Dieu encourage les gagnants. L'Être suprême semble fasciné par la force, à l'image de la fleur qui capitule devant le bulldozer. Cette collaboration de la réalité à l'injustice et au vol soutient vos agissements. Le plaisir de la domination vient alimenter l'ensemble, augmentant votre adhésion à la loi du plus fort et confortant toujours plus votre assurance.

L'argent, comme une drogue, vous masque la réalité.

L'exploitation de vos semblables, qui stimule votre excitation, est brouillée par la complexité des transactions anonymes. Cette dissimulation transforme le scandale de votre richesse en aimable puissance. On vous admire, et vous vous admirez, comme on est fasciné devant un ouragan.

L'opacité de votre chair, la couleur cartilagineuse de vos yeux, le vide multicouche de votre regard sont les conséquences de votre addiction. Votre moi turgescent déborde par les rougeurs équivoques de votre épiderme, l'éruption d'un nez trop libre, la manifestation criarde d'oreilles aléatoires, le doublon insolent de joues polymorphes, un goitre sirupeux qui embrasse votre menton, un front en angle mort, un crâne en bibelot, des mains sans frontière, des jambes enrobées d'ordinaire et un ventre qui étouffe toutes les questions.

Énorme fait accompli, vous n'avez d'existence que l'occupation illégitime d'un temps et d'un espace. Bouchon ontologique, vous entravez le renouvellement de la vie. La véritable accumulation capitaliste est celle d'êtres inutiles qui agitent des mains stériles comme des marionnettes. À force de vous thésauriser vous-mêmes, vous n'êtes qu'un volume immuable, c'est-à-dire la matérialisation organique d'un dépôt.

Vendu au fric, vous n'avez plus la capacité de vous racheter. La seule gratuité que vous connaissez est celle de vos délits.

Vous êtes spirituellement hors marché.

Avec mes condoléances.

LA SITUATION

Le maire de votre ville refuse d'aménager votre rue pour les piétons, préférant la soumettre à la circulation à grande vitesse, et ceci malgré vos demandes insistantes.

LA LETTRE

Monsieur le maire,

Voilà déjà longtemps que ma rue, qui ne dispose ni de trottoir, ni de place de stationnement, est réduite à un couloir pour voitures qui outrage et dénie le territoire où je vis. Malgré mes tentatives répétées pour que la municipalité réalise les aménagements nécessaires, vous refusez toute transformation. Ma rue reste condamnée à demeurer un lieu de passage pour véhicules pressés.

Vous préférez les automobiles aux femmes enceintes, aux mères avec poussettes, aux handicapés, aux enfants, aux vieillards, à l'humain en général que vous mettez en danger en lui imposant de se déplacer sur une bande à grande vitesse. Dès lors qu'elle se manifeste dans la rue, la vie gêne le fonctionnement de la circulation motorisée et de l'économie municipale. Je me sens moi-même en trop, comme le grain de sable qui enraye le mécanisme que vous désirez fluide pour la marche victorieuse de votre ville, assimilée à une entreprise. Jetant votre agglomération dans la concurrence généralisée, et la gérant comme un commerce, vous en excluez les habitants. En effet, dans notre monde de la vitesse, le piéton est désespérément lent. La mère avec poussette est une insupportable invention de la reproduction. Pour promener bébé, la génitrice entrave la libre circulation des marchandises et des capitaux. D'une manière générale, la rêverie, le sourire, le temps de la conversation sont devenus des obstacles au flux tendu, des trahisons à la guerre économique, des actes coupables d'intelligence avec l'ennemi. Si je discute avec mon voisin sur le pas de la porte, ralentissant le camion qui passe comme un combattant, je trahis mon pays au bénéfice des pays concurrents. La vie s'oppose, par essence, à la guerre économique et à l'enrichissement des puissants.

J'ai compris que je vivais sur un champ de bataille et que, pour le bon déroulement du combat, ma présence n'était pas souhaitée sur le terrain. Sans doute suis-je déjà dans la position du vaincu puisque prisonnier chez moi avec interdiction de franchir le pas de ma porte sous peine de me faire renverser.

Alors, pourriez-vous au moins me signifier les règles et les conditions de ma condamnation ?

Dans cette attente,

LA SITUATION

À force d'arguments, vous avez convaincu votre interlocuteur. La semaine suivante, il revient à son idée comme si vous n'aviez rien dit.

LA LETTRE

Monsieur,

J'ai passé trois heures épuisantes, lundi dernier, à corriger, avec force chiffres, logique et information votre opinion sur la politique du pays. Sous la contrainte de la vérité, vous avez dû capituler. Je vous ai obligé à adopter un point de vue humaniste, à admettre, sans autre choix possible, la nécessité du partage, à reconnaître, sans recours, le mensonge médiatique, à accepter, sans issue, les thèses de l'écologie et de la conscience sociale. Vaincu par la rigueur avec laquelle j'ai démasqué les ruses de votre raison et débusqué les confusions que vous entreteniez stratégiquement, vous avez abdiqué en faveur de l'égalité, de la fraternité et de la liberté.

Or, à l'occasion du nouveau repas que j'ai partagé avec vous, j'ai constaté, par les remarques générales dont vous ponctuiez vos discours, que vous étiez entièrement revenu à votre ancienne position comme si notre conversation n'avait pas eu lieu. Ainsi, vous déniez les arguments qui vous ont convaincu, comme si ce n'était pas la logique qui vous avait battu mais les coups privés que je vous avais portés. Vous refusez le vrai parce qu'il vient de moi. Vous attribuez au réel un caractère personnel parce que, lors de notre dernière rencontre, il s'est exprimé par ma bouche. Votre pensée n'est pas déterminée par le choc des arguments mais par le conflit des personnes. Votre vision ne se construit pas par objectivité mais affinité relationnelle.

Autant vous réduisez à une dimension personnelle les vérités générales exprimées par autrui, autant vous hissez au rang de l'universel les idées confuses produites par vos besoins affectifs. Ainsi, la dimension tout individuelle de votre personne fait loi tandis que la loi est dégradée à la mauvaise foi de vos interlocuteurs.

Or, sans surprise, votre face exprime avec beaucoup d'éloquence votre loi personnelle. Votre nez fait loi, pur fait cartilagineux. Vos oreilles font loi, radars sans structure aux formes surnuméraires. Votre bouche, ramollie par le poids des convictions inutiles, exhibe une loi en perpétuelle métamorphose. Votre regard qui, à force de tout suspecter, vide le monde de toute règle, ne laisse plus passer que la loi d'une libido aux abois.

Votre corps a la mollesse de l'absence de rigueur et la raideur de l'absence de souplesse. Vos mains sont deux enfants sans père. Vous êtes seul.

En refusant la loi, vous avez fait de vous un orphelin.

Bonne chance,

LA SITUATION

Une employée d'agence immobilière vous glisse une publicité dans la boîte aux lettres malgré la mention “pas de publicité”.

LA LETTRE

Chère Madame,

Vous n'avez pas respecté mon refus de réclame dans ma boîte aux lettres, méprisant ce que je suis sans me connaître.

Je sais que votre activité de démarchage consiste à répandre des informations à l'aveugle, à une cadence soutenue. En vous soumettant à une méthode, vous augmentez votre efficacité, au prix d'incidents collatéraux que vous estimez négligeables. Vous oubliez que la personne qui engrange les bénéfices de votre travail, à savoir vous-mêmes, est aussi négligeable que n'importe quel anonyme derrière une porte.

En vérité, le narcissisme, en choisissant de se préférer aux autres, opte pour le chemin le plus court. Ce raccourci révèle la vulgarité d'un moindre effort. En vous aimant vous-mêmes, vous évacuez la difficulté du choix. Vous adoptez le premier visage que vous renvoie le miroir parce qu'il est le plus proche. Les raisons de votre estime de vous-mêmes procèdent de la facilité matérielle et non du jugement de vos qualités. Le narcissisme n'est qu'un comportement pratique, aussi laid que l'aisance automate avec laquelle votre main déflore les boîtes aux lettres avec des publicités stéréotypées.

D'ailleurs, les éléments de votre visage se sont assemblés également au plus bref. La manière dont s'emboîtent votre nez impensé, vos joues de mauvaise cuisson, votre bouche en forme de besoin, vos yeux purement optiques, votre front nain, dévoile une avarice de grandeur qui laisse supposer des désirs en ondes courtes. Votre visage est commode comme une cuisine aménagée.

On imagine facilement, dans votre cerveau rapidement meublé, les envies comme des yorkshires se jeter à la face des "autrui" qui passent devant vous. Les autres sont tous équivalents à vos yeux puisque n'existant que pour vous rapporter de l'argent. Or, l'argent est une énergie à tout faire. C'est pourquoi vous l'interprétez comme un miroir. Le fric vous obéit à la manière d'un reflet. Il est l'ami des narcissiques, permet de nier l'altérité. Il rend le monde pratique, c'est-à-dire vide. La richesse et le narcissisme procèdent tous les deux d'une économie fonctionnelle. Ils relèvent chacun du réflexe et de la matière.

Je ne vous aime pas parce que vous êtes une petite mécanique et que je déteste les gadgets.

Avec mon respect,

LA SITUATION

Un homme dans la rue laisse son chien vous aboyer à la figure sans le rappeler.

LA LETTRE

Cher Monsieur,

Je tiens à vous remercier de la scène que vous m'avez fait subir l'autre jour dans le jardin public.

En effet, bien que dans une situation physiquement à mon désavantage, puisque dominé par un chien qui m'était inférieur en intelligence et supérieur en armement, j'ai malgré tout triomphé par le seul fait que votre lâcheté et votre bêtise se voyaient.

Car l'évidence du fait, à savoir que vous m'aboyiez au visage par la procuration d'une bête domestique, que vous m'insultiez par l'intermédiaire d'un quadrupède, que vous me mettiez en danger par votre passivité, était visible sans la moindre discussion.

Et vous voilà, maintenant, sans issue, rôti par mon jugement.

Mais, j'irai plus loin. L'agression de votre chien n'était que le bouquet inutile d'un spectacle, déjà en place, duquel ne vous pouviez vous extraire. Car la simple vision de votre chemise, qui tentait à grand-peine de structurer, à la force dérisoire de boutons minuscules, un corps avachi dans ses vêtements comme dans un mauvais matelas, suffisait déjà à vous disqualifier. Votre regard décaféiné par l'alcool ordinaire, votre front approximatif, votre bouche grossièrement ressemblante, vos joues décolorées par l'absence de conviction, votre expression autoproclamée, étaient déjà des éléments suffisamment manifestes pour vous éviter de vous encombrer d'un chien superflu.

L'étalage, dans un lieu de détente, d'un visage dont les éléments s'assemblent confusément, à la manière d'organes mal ajustés, et qui vomit malgré lui un désespoir agressif, vous rendait coupable d'obscénité sans que vous n'ayez besoin d'en rajouter par les vains méfaits d'un molosse pitoyable.

L'image que vous portez vous dessert malgré vous. Vous êtes, avant même d'avoir eu le temps de haïr, surplombé par le premier quidam venu. Votre méchanceté arrivera toujours trop tard, après que vous aurez déjà perdu.

C'est pourquoi je vous demande, par simple respect de la réalité, de tenir votre chien en laisse.

Veuillez croire à l'expression de mes sentiments distingués.

LA SITUATION

Une employée de banque vous téléphone pour vous proposer des placements.

LA LETTRE

Chère Madame,

J'ai bien reçu votre appel téléphonique et vous en remercie.

Ayant été obligé, pour protéger ma tranquillité, de raccrocher brutalement, je me permets de vous écrire afin de ne pas laisser notre entretien inachevé.

J'ai été ému par la misère du riche qui mendie. Je croyais que le porte-à-porte était réservé aux plus démunis. Mais je constate que les capitalistes occupent un champ qui me semblait jusqu'ici l'apanage des pauvres : celui de faire la manche.

Les méthodes que les défavorisés emploient pour gagner quelques sous, qui sont la ruse, le mensonge et le vol, et auxquelles leur situation les contraint malgré eux, étaient déjà utilisées par les riches. Mais, maintenant que les nantis tendent également la main, que reste-t-il aux pauvres ?

Comment pourront-ils se reconnaître ? En étant vulgaires, grossiers et incultes ? pas même, chère Madame, puisque la trivialité de votre appel téléphonique qui surprend un particulier dans son loisir, et la niaiserie de vos arguments stéréotypés n'avaient rien à envier aux faiblesses des misérables.

En étant agressifs ? non plus, chère Madame, puisque la violence de votre discours publicitaire, simplifié, monolithique et totalitaire, dépassait de loin les dérisoires provocations des démunis.

Il ne restera plus aux désargentés qu'à se démarquer en cessant d'exister ? Mais là encore, chère Madame, ils n'y arriveront pas. Car vous-même n'existez pas, annihilée par l'anonymat de votre discours bien lissé, néantisée par le conformisme de votre avidité financière.

Je vous imagine comme on peut concevoir le rien, sous la forme d'une marionnette tout en maquillage, en mise en plis indéformable, mimant la politesse robotisée des valeurs établies, le corps déserté de toute imperfection, froid et glissant comme un poisson insaisissable.

Je vous demande, pour préserver mon seul capital dans la vie, qui est ma tranquillité, de bien vouloir cesser totalement d'être, en conformité avec votre inexistence.

En vous en remerciant, je vous prie de croire, chère Madame, à l'expression de mes sentiments distingués.

LA SITUATION

Un conducteur vous fait des appels de phare dans le rétroviseur parce que vous respectez les limitations de vitesse.

LA LETTRE

Cher Monsieur,

J'ai bien reçu votre message lumineux qui me qualifie de bête et de discipliné et je vous en remercie.

Or, si j'obéis effectivement aux règles du code de la route, je constate que vous obéissez à une autre loi.

Avec votre voiture en forme de camion, vos cheveux courts de militaire civil, vos lunettes noires de policier autodidacte, votre ballon de football suspendu à votre rétroviseur, qui pendouille comme un testicule unique à fonction de porte-bonheur, votre adiposité moyenne, répartie également sur tout votre corps à la manière d'une censure, votre comportement impulsif sur la route, vous êtes parfaitement conforme à la loi de ressemblance des cons.

Croyant être libre parce que vous pratiquez le code buissonnier, vous obéissez au grand règlement général qui oblige les imbéciles à s'entourer de signes qui permettent aux autres de les identifier : trèfle à quatre feuilles scotché sur le cul de la voiture, autocollants publicitaires, fer à cheval pour tromper la volonté de Dieu, casquette à la gloire du rival américain, aileron d'avion sur le coffre arrière.

Vous avez le comportement de base du français classique : vous trichez, vous resquillez parce que vous ne vous révoltez pas. Le combinard qui viole les panneaux routiers est un vaincu. La ruse, la fauche, le dépassement de vitesse sont les armes du faible. En appuyant sur l'accélérateur, vous vous avouez battu.

Avec ma petite voiture et ma petite allure, j'empêche les perdants comme vous de frauder au lieu de se battre.

Et ça, c'est un acte révolutionnaire.

Veuillez croire, cher Monsieur, à l'expression de mes meilleurs sentiments.

LA SITUATION

Une patronne vous accuse d'incompétence alors qu'elle ne vous paie pas votre compétence.

LA LETTRE

Chère Madame,

Je me permets de vous écrire pour vous proposer mon point de vue sur l'abus de pouvoir qui consiste à sous-payer quelqu'un en exigeant de lui des miracles.

Cette faiblesse de votre part, qui est de laisser votre égoïsme dicter sa loi pour l'unique raison que votre situation dominante vous en offre la possibilité, est tellement répandue, tellement ordinaire, qu'en y cédant vous ne faites que confirmer la banalité profonde de votre être.

Cette platitude comportementale ne peut être que la conséquence d'un psychisme vide, réglé sur des pulsions primaires et demandes archaïques. L'absence chez vous de toute formation mentale élaborée, qui tienne compte de l'existence des autres, ne peut que transparaître sur votre visage.

Et, en effet, la tristesse glissante de votre face, nue comme un aéroport, dont le néant s'affiche comme un bouclier, s'oppose au monde à la manière avec laquelle un mollusque, baveux, béat et primitif, opposerait à une discussion sophistiquée le déni pâteux et irréfutable de sa surdité organique.

Votre bouche, éruption pornographique, définitivement pincée sur une seule succion, celle du fric, rouge comme un anus malade, flétrie par la seule crispation musculaire, crache sa méchanceté comme un déchet financier.

Votre petit corps sec, abandonné par la sensualité, raide comme un langage binaire, est réduit à la pensée unique de la prédation. On voit dépasser de vos vêtements étriqués les chenilles de graisse rancie par les élastiques et qui coulent vaguement pour souligner les gestes anxieux et mécaniques de votre organisme. Votre soutien-gorge, bâillon sadique, contraint vos seins à l'illégitimité. Vos chaussures à talon, prétentieuses et violentes, isolent de la terre vos jambes d'insecte qui n'ont pas même la dignité de la laideur.

Vous n'existez que négativement, chose en moins qui encombre le monde. Vivre sur le dos des autres est votre manière, en transmettant votre haine par contagion, de vous reproduire.

Après ce courrier, votre seule issue sera de me haïr, c'est-à-dire de rester vous-même.

Je vous prie de croire, chère Madame, à l'expression de mon absence de sentiment.

LA SITUATION

Un chasseur vous engueule parce que vous gênez l'exercice de son activité alors qu'il chasse illégalement à une distance inférieure à une portée de fusil d'une route ou d'une habitation.

LA LETTRE

Cher Monsieur,

Je me permets de vous écrire pour vous aider à vous dégager de l'impasse psychologique dans laquelle vous êtes enfermé.

Votre air bouffi qui témoigne d'un trop-plein de certitudes emboîtées, vos joues rebondies comme un ventre rassasié, vos yeux poussés à l'extérieur de votre visage par une arrière-connerie, votre ventre parasite que vous emmenez toujours avec vous comme un bébé mort-né, montrent que vous n'êtes qu'une fiction qui dissimule un primaire instinct de survie.

Bouffer, boire, chasser et éliminer l'opportun sont la grammaire simplifiée d'une vie linéaire qui défend votre organisme avant même que votre esprit ait eu le temps de se manifester.

Comme vous n'avez pas su lutter contre l'urbanisation galopante qui a détruit vos territoires de braconnage, vous préférez vous en prendre aux promeneurs innocents qui semblent vous agresser plus que le béton.

Vos arguments, génitalisés par la présence du fusil, se réduisent à des menaces, c'est-à-dire à l'aveu de votre impuissance.

Votre visage a cette couleur rose clair du vin à fleur de peau, vos oreilles décollées ressemblent à de mauvaises antennes de télé, votre bouche possède ce manque de netteté qui est le propre des faibles, vos yeux ont cette humidité qui souille tout, vos bras ont cette affreuse autonomie de la nervosité, vos jambes sont une plaisanterie ratée, votre corps entier est morcelé par des appétits indépendants.

Vous chassez pour vous anesthésier comme vous buvez pour vous abrutir.

Et vous engueulez les promeneurs comme s'ils marchaient dans votre assiette.

Puissent ces mots ne pas se perdre dans l'infini de votre ordinaire.

Je vous prie d'agréer, cher Monsieur, à l'expression de mes meilleurs sentiments.

LA SITUATION

Des bourgeois vous invitent à manger et ne prennent pas vos propos au sérieux parce que vous êtes trop jeune.

LA LETTRE

Cher Monsieur,

Je vous remercie de m'avoir invité comme animal de compagnie à votre repas où vos collègues et vous n'ont cessé de se renvoyer le même ballon.

Vos visages inspirés par le savoir ressemblent à des mappemondes officielles où l'actualité s'exprime avec le ton autoritaire de l'évidence.

Enrégimentés dans vos vestons uniformes et vos cravates dont les couleurs fantaisistes ne sont que la réclame de vos privilèges, vous dissimulez des corps sans tonus qui tiennent debout grâce à la raideur de l'âge comme vos psychismes fonctionnent sur la rigidité de mécanismes anciens.

Vos estomacs, par leur importance, transforment vos chemises en slips impudiques. Vos ventres ne retiennent de la bouffe sophistiquée que la graisse qui fera masse de même que vos cerveaux ne gardent de la culture que le prestige qui pèsera sur les autres.

Vos yeux de généraux en déroute, tristes comme des chiens sans ennemi, expriment l'ennui infini des classes moyennes, inaptes à se distinguer par la vraie richesse ou la vraie pauvreté.

Le jeune que vous invitez est réduit au silence comme un téléspectateur.

Vous dévalorisez les jeunes comme les pauvres, faisant de l'âge une classe sociale.

Vous survalorisez le discours scientifique parce que personne ne peut le contredire, rêvant d'être vous-mêmes irréfutables, voulant faire de la bourgeoisie une armée de spécialistes inattaquables entourés de prolétaires aux cerveaux non déterminés.

Le jeune que je suis, né dans votre milieu mais non encore diplômé, est le seul pauvre que vous admettez dans vos salons, à côté de vos chiens luxueux dont la gamelle de mendiant est surabondamment remplie.

Vous avez tous du génie, cette grâce de Dieu réservée à l'élite parce qu'elle ne touche que les esprits et non les cœurs.

Ma seule chance de me faire entendre est d'être spirituel, encore un terme d'origine religieuse qui ne concerne que l'esprit.

Je vous prie de croire en l'expression de mes sentiments sans distinction.

LA SITUATION

Alors que vous avez, naïvement, envoyé une lettre d'engueulade basée sur les exemples de cet ouvrage, le destinataire vous accuse de manquer d'originalité et de préférer recopier un modèle que d'inventer.

LA RÉPONSE

Cher Monsieur,

Je vous remercie de votre réponse à mon dernier courrier.

En effet, comme vous l'avez remarqué, j'ai entièrement recopié sur un guide de la lettre d'engueulade le courrier que je vous ai adressé. Vous m'accusez en conséquence de manquer d'originalité.

Mais ne trouvez-vous pas humiliant qu'une lettre toute faite, stéréotypée, quasi-industrielle, réponde avec une si belle coïncidence à l'outrage que vous m'avez fait subir ? Ne comprenez-vous pas que la suprême finesse de mon courrier d'engueulade était, en vous giflant selon un mode d'emploi extérieur, de mettre en évidence le pauvre académisme de votre attitude, la banalité de votre incorrection, l'absence d'imagination de votre égoïsme ?

En croyant fustiger mon manque d'inventivité, vous désignez sans le savoir la nullité de votre comportement si facilement désarmé par une lettre écrite à l'avance et publiée avant même que vous n'ayez agi.

Et si vous me répondez, furieux, c'est parce que vous êtes à juste titre bafoué par ce sentiment que votre insolence avait été prévue et contrecarrée par un ouvrage qui possédait la réponse avant que vous ne formuliez la question.

Oui, vous êtes lamentablement prévisible, à tel point que des livres officiels diffusent des droits de réponse en anticipant l'agression que, par une loi générale de la bêtise, vous accomplissez ensuite automatiquement.

En vous remerciant de m'avoir donné l'occasion de vous fournir ces précisions complémentaires, je ne peux que vous recommander de vous instruire des coups de gueule déjà imprimés qui se vengent publiquement des écarts de conduite que vous ne pourrez manquer d'accomplir et qui encombrent malheureusement votre avenir.

Salutations.

LA SITUATION

Une personne de votre entourage n'a pas d'imperfection.

LA LETTRE

Cher Monsieur,

Je vous écris pour vous signifier à quel point je suis excédé par votre absence de défauts.

Cette perfection que vous affichez ne me trompe pas. Elle vous permet d'être irréprochable pour mieux reprocher aux autres.

La sainteté n'est qu'un exemple comparatif insultant qui sert à humilier ceux qui n'y accèdent pas.

Je me permets de vous annoncer que je préfère être bête pour ne pas être jalousé, injuste pour susciter aux autres l'idée de justice, voleur pour mieux pardonner aux brigands, meurtrier afin d'éviter aux victimes de devenir des assassins, vicieux, hypocrite et malhonnête afin de rabaisser mon orgueil, riche, pour que les pauvres puissent rêver.

Je préfère détester mes ennemis, afin de ne pas leur donner tort de me haïr. Je préfère mentir, car celui qui dit la vérité consolide la confiance dans la parole et sert ainsi les intérêts des menteurs.

Je préfère le comportement viril de celui qui n'a peur ni de Dieu ni du retour de la réalité, plutôt que l'attitude veule de celui qui choisit la pureté pour obtenir des récompenses.

Je préfère la vie au perfectionnisme, le désir à la charité, la réalité à l'idéal, la médiocrité à l'aristocratie.

Je préfère les imbéciles à ceux dont l'intelligence, par lâcheté, se soumet au diktat de la logique.

Je préfère l'homme qui se dresse contre la pesanteur au mystique qui se courbe devant les lois du cosmos.

Je préfère le salaud qui s'expose au bon qui se protège, l'égoïste qui nous ignore au moralisant qui nous accuse, le soldat qui prend des risques au serviteur qui s'assure, par un cynique calcul, l'amour du Tout-Puissant.

Je préfère le caractère à la beauté, le contraste à l'harmonie, la douleur psychique au confort moral.

Je préfère la haine à la mièvrerie, l'orgueil à l'inexistence, l'absurde à la raison.

C'est pourquoi, cher Monsieur, je vous demande, pour mieux aider votre prochain, de rejoindre au plus vite la médiocrité ambiante.

En vous en remerciant.

LA SITUATION

On vous téléphone pour une publicité en vous prétendant que ce n'est pas de la publicité.

LA LETTRE

Cher Monsieur,

J'ai bien reçu votre coup de téléphone et vous en remercie.

Vous avez tenté de dissimuler votre acte commercial intrusif en supposant, a priori, que j'étais un imbécile.

Vous m'auriez connu, cela m'aurait insulté. Mais comme vous ne me connaissez pas, ce n'est pas moi que vous insultez, mais l'humanité tout entière.

Ainsi, je vous méprise et vous déteste, non par fraternité avec moi-même, mais par solidarité avec l'homme en général.

Votre hypocrisie, qui a blessé l'être universel en moi, reçoit donc ici la réponse de l'humanité.

Or cette humanité vous rejette. Elle voit en vous la dangerosité de l'animal sans l'innocence qui le sauve, la médiocrité du diable sans le talent qui force l'admiration, la stupidité du prédateur sans l'élégance qui l'ennoblit.

Votre mépris pour le nom anonyme que vous déterrez dans l'annuaire n'a d'égal que l'anonymat de vos pulsions. Vous confondez l'universalité de la médiocrité avec celle des valeurs. Pour faire partie du club de l'humanité, vous avez préféré miser sur la banalité que sur la grandeur.

L'humanité, vaste dans ses prétentions et réduite dans ses représentants, est à l'inverse de la population humaine, réduite dans ses prétentions et vaste dans ses représentants.

Moi, atteint dans ma dignité par votre appel téléphonique, si je ne faisais pas partie jusqu'ici de l'humanité, cette simple douleur m'y projette. Votre agression, en touchant en plein cœur l'homme avec un grand H que je suis, m'envoie sur l'orbite de l'humain, en position supérieure, avec cette vue panoramique sur vos faiblesses qui me permet de vous fustiger.

C'est pourquoi, par compassion, je ne puis vous souhaiter qu'une chose : être, vous aussi, agressé par un coup de téléphone commercial.

Veuillez croire à l'expression de mes sentiments distingués.

LA SITUATION

Vous n'arrivez pas à ce que votre voisin baisse le son de sa chaîne hi-fi.

LA LETTRE

Cher Monsieur,

Je tiens à vous remercier tout particulièrement.

En effet, vous pénétrez régulièrement dans l'intimité de ma chambre, dans le territoire privé et protégé de ma maison, de manière frauduleuse et sans le moindre risque, sous la forme d'une musique tonitruante au rythme binaire et aux mélodies simplifiées.

Cet envahissement me confirme chaque fois ma supériorité sur vous.

Car, alors que vous croyez violer mon espace personnel en l'encombrant de votre vacarme articulé, il se trouve que c'est moi qui, en réalité, pénètre votre intimité.

Et ceci, parce que cette intimité est exprimée par ce bruit choisi par vous, cette fureur déstructurée qui vous apporte l'apaisement, et que je dispose ainsi du spectacle du navrant bonbon auditif qui calme votre libido.

Oui, c'est moi qui suis chez vous, à la manière d'un voleur affublé d'une dangereuse capacité d'analyse, puisque j'entends tout ce qui se passe dans votre appartement.

Cependant, votre grossièreté veut, à la manière d'un promoteur qui détruit la nature pour y implanter ses supermarchés, entrer de force dans mon délicat cerveau pour y installer sa pensée unique.

Mais votre piège ne fonctionne pas, car je souffre. Je prendrais du plaisir à me trémousser sur les hurlements de votre machine à vacarme, vous auriez gagné. Mais la douleur de ma conscience sous l'agression de vos cris enregistrés est l'indication perpétuellement renouvelée de ma finesse.

C'est pourquoi je vous remercie de me rappeler, tous les jours, et toutes les nuits, à des heures inciviques, que mon esprit civilisé surplombe la barbarie de votre jouissance.

Croyez en l'expression de mes hommages.

LA SITUATION

Le maire de votre localité détruit un beau paysage en construisant des immeubles pour vacanciers.

LA LETTRE

Monsieur le maire,

L'art avec lequel vous identifiez les plus beaux sites de votre région pour ensuite les défigurer par des projets immobiliers touristiques montre que vous possédez le sens de la beauté.

Or, pour repérer la beauté, il faut l'aimer. Pour vendre un littoral exceptionnel à des bétonneurs, il faut, au préalable, en avoir goûté la saveur.

Vous n'êtes donc pas le porc insensible qui piétine un trésor qu'il ne perçoit pas, mais le cynique esthète qui, après avoir reconnu la valeur d'un lieu naturel, pisse dessus pour en retirer un fruit matériel.

En vendant le bien collectif à des particuliers, en réduisant l'universel à un objet monnayable, vous faites le chemin inverse de la civilisation. Car le singe, qui s'est redressé vers l'esprit, avait un autre idéal que le promoteur qui bafoue les rives d'un lac.

Mais je me trompe sans doute. Car le primate n'a pas choisi la station debout pour libérer ses mains. En effet, il pouvait déjà fabriquer des outils assis. La marche bipède lui a permis simplement de transporter des objets, c'est-à-dire de s'approprier les choses que le déplacement quadrupède l'obligeait de laisser à terre. Autrement dit, la source de l'humanisation a bien été le désir de possession.

En détruisant les berges naturelles, vous répétez le geste du quadrumane primitif qui a quitté la vie animale libre de tout attachement, pour la vie humaine sordidement destructrice.

Vous êtes bien un homme, avec tout ce que cette précision peut avoir de désespérant. Moi, écologiste entêté, je contemple sans toucher, comme n'importe quel animal.

Et je suis fier de mon animalité qui laisse intacts les bords de l'étang, et j'ai honte de votre humanité qui se distingue de la nature en la rayant d'un coup de ciment.

Monsieur le maire, quand redeviendrez-vous simiesque, c'est-à-dire poète et respectueux, plutôt qu'humain, c'est-à-dire loup pour l'environnement ?

En espérant que vous n'êtes pas fait que de béton, je vous prie de croire, Monsieur le maire, à l'expression de mes sentiments respectueux.

LA SITUATION

Une bourgeoise vous regarde des pieds à la tête parce qu'elle estime que vous êtes mal habillé.

LA LETTRE

Chère Madame,

Je voulais vous remercier de faire le mannequin en pleine rue pour la promotion des vêtements bon chic bon genre.

En effet, vous payez très cher des marques connues pour leur faire gratuitement de la publicité, ce qui est une forme d'humanisme sans doute typiquement bourgeois.

Mais vous poussez le sacrifice encore plus loin pour la promotion de votre classe sociale.

Vous ligotez votre arrière-train déjà anorexique par une jupe étriquée qui tente, par un effet de pression, de faire renaître des fesses qui n'existent plus. En refusant de manger normalement, vous tentez d'éviter d'avoir un corps fait de chair et de réalité, qui aurait été hideusement semblable à celui des bonniches.

Vos pieds, que la nature avait admirablement dessinés, sont comprimés dans des chaussures phalliques, ne laissant à votre mari le soir, en guise d'érotisme, que des orteils monstrueusement déformés.

Votre maquillage achève d'enlever à votre visage ce qui aurait pu lui rester d'originalité.

Vous fuyez la trivialité d'exister, et faites tout pour ressembler à une idée de luxe, immatérielle, artificielle et froide. Vous avez le racisme de la nature. Vous êtes persécutée par la spontanéité des gens, par leur insupportable fraîcheur. Vous vous réfugiez dans l'abstraction de la richesse que vous confondez avec une quelconque transcendance.

Vos mollets réduits à des ligaments, vos chevilles plastifiées par la maigreur, votre peau refusant le monde comme un miroir, vos mains dénaturalisées, vos ongles vitrifiés, vos cheveux durcis à la fausse couleur, votre bouche solidifiée par un rouge à lèvres impersonnel, vos yeux transformés en coquilles inexpressives, armés de cils préfabriqués, font de vous, non pas un esprit mais une chose.

Pour financer cette industrie, votre mari est nécessairement un salaud de patron. Il exploite ses employés pour entretenir l'onéreuse distance que vous maintenez avec la vie. Le soir, pour respecter votre horreur du contact, il vous honore de son impuissance.

Si ma lettre a encore le pouvoir de vous irriter, remerciez-moi.

Veuillez croire à ma considération distinguée.

LA SITUATION

Un automobiliste vous insulte de la manière la plus grossière parce que vous avez commis sur la route une faute légère.

LA LETTRE

Cher Monsieur,

Je reconnais, l'autre jour, sur un carrefour giratoire, avoir oublié de déclencher mon clignotant à la sortie.

Ayant perçu mon omission, vous avez aboyé quelques généralités morales puis couvert ma personne de noms disqualifiants.

Grâce à vous, j'ai pu apprendre qu'il suffisait d'un léger manquement pour devenir, immédiatement, une larve écœurante à écraser.

J'ai compris qu'oublier son clignotant est aussi grave que d'enfoncer un pieu chauffé au rouge dans le derrière d'une vieille dame et, ainsi, que de torturer est aussi banal que de tourner sans avertisseur.

Grâce à vous, je peux maintenant assassiner, humilier, violer, sans risque de provoquer plus forte indignation.

Votre sermon m'a appris que, pour ne pas tomber dans la tentation de crever les yeux de mes parents pour leur voler leur portefeuille, il suffisait de respecter scrupuleusement le code de la route.

Je sais maintenant aussi que l'engueulade vulgaire d'un porc au cul borné par un siège au design de fusée prétentieuse, au corps démoulé par les excès alimentaires et remoulé par le squelette d'un veston rigide, est un acte au service de l'intérêt collectif. Je sais que votre haine, qui se déverse à la première faiblesse humaine, charriant les frustrations de votre sexualité sans issue, est en vérité dévouée au respect.

Je comprends que la maladresse avec laquelle vos leçons spirituelles prennent la forme d'un vomi envahissant ne vient que de votre attachement à défendre la vie humaine, une vie que tout peut atteindre, aussi bien le génocide aveugle d'un extrémiste que le simple oubli d'un clignotant.

Je vous exprime toute mon admiration de vous voir capable d'exprimer une vérité aussi fine avec les moyens grossiers et rudes d'un imbécile au volant.

Je vous suis également reconnaissant, en osant comparer une légère distraction et les plus sordides crimes, de me rappeler ainsi, avec une fermeté canine, que la sécurité de l'homme exige des visions radicales.

Votre bêtise monobloc est largement justifiée par l'unité de la vie que vous défendez et l'excès de vos insultes par la démesure d'amour qui vous habite.

En vous en remerciant, veuillez croire à ma considération.

LA SITUATION

Un plus jeune que vous se permet de vous vouvoyer comme si vous étiez déjà vieux.

LA LETTRE

Bonjour,

Je t'écris parce que j'ai à me plaindre du respect que tu as utilisé à mon égard pour me manquer de respect, à savoir un vouvoiement abusif tendant à me vieillir précocement.

Sache, d'abord, que la médecine actuelle fabrique des hommes nouveaux, les vieux jeunes, qui surplombent les crétins aux corps récents et les érudits à la cervelle usée.

Mais je tiens à t'informer que je me gausse des jeunes de notre époque.

Nourris aux vitamines artificielles, aux yaourts dopés, aux bonbons explosifs et autres bombes à retardement, ils mesurent deux mètres, tout surpris de dominer les adultes à carrure, ont des dos mous qui ne supportent pas leur taille, aggravent leur gigantisme par des tee-shirts à rallonge et des bermudas de clown, et ressemblent à des dadais exclus du monde par leur hauteur.

Ils soutiennent à la fois les prisonniers américains en attachant leur pantalon trop bas et l'exploitation du tiers-monde en portant des blousons tagués par les grandes marques.

Nés avec la publicité, le tout télévision, les téléphones portables, les jeux vidéos et les ordinateurs, ils pensent par slogans, zappent d'insatisfactions en insatisfactions, et choisissent le type de révolte qui les séduit dans les musiques industrielles proposées par le marché.

Sympathiques comme des porte-clés, ils pensent échapper au monde en glissant, aussi instables qu'une image de télévision.

À vingt ans, ils ont déjà usé les plaisirs sexuels et n'ont plus de motivation pour l'amour.

Vieux sans véritable expérience, blasés de la vie sans l'avoir vécue, ils s'engouffreront dans la machine économique et ne se distingueront les uns des autres que par la division du travail.

Je sais que, maintenant, tu ne me respecteras plus. Mais tu me remercieras un jour d'avoir donné un contenu à ton mépris.

Avec mes respects.

LA SITUATION

Un représentant qui vient sonner chez vous coince la porte avec son pied quand vous désirez la refermer, tout en vous affublant de son discours.

LA LETTRE

Cher Monsieur,

Je tiens, par cette lettre, à vous exprimer mon admiration pour l'étonnant degré d'expressivité auquel vous êtes parvenu.

Votre visage au front absent, aux paupières retroussées comme des prépuces, aux yeux vissés sur une gaieté handicapante, au nez auto-référencé, aux bajoues démobilisées, aux lèvres déshabitées par l'amour et squattées par des libidos anonymes, aux dents jaunies par les proximités, au menton noyé dans un double menton, aux oreilles cancéreuses, aux cheveux ras et obéissants, bref, votre face de dément socialement structuré n'a rien à envier aux meilleures peintures expressionnistes.

Votre parole morte, récitée de manière mécanique, jaillit comme un chapelet laïque. Vous égrenez des formules magiques à la gloire d'une assurance pendant que vos yeux, décapsulés et ridés de veines rouges, tentent de me déshabiller.

Tout votre être n'est qu'un organe de viol. Vous-mêmes, entièrement décérébré, n'êtes qu'un tuyau vide traversé par la libido de l'organisme financier qui vous manipule.

Quand votre pied coince ma porte, je ris de voir que cette technique dérisoire reste, au bout du compte, l'ultime carte du monde financier pour tenter de me faire plier. Le complexe industrialo-publicitaire qui veut me dominer se trouve résumé dans cette chaussure qui s'oppose à la fermeture de ma porte, bout tentaculaire dérisoire qui n'a d'autre arme contre moi qu'un cuir de mauvaise qualité.

Et c'est avec un plaisir infini qu'en écrasant votre gros orteil avec mon talon, je boute le monde de la consommation hors de chez moi, et ceci, avec une incompréhensible facilité.

Mes condoléances.

LA SITUATION

Un automobiliste ne s'arrête pas alors que vous êtes engagé sur le passage piéton.

LA LETTRE

Cher Monsieur,

Je suis triste. Vous n'avez pas respecté la loi. Vous avez abusé de votre position de force. Vous avez ignoré le passant qui était devant vous.

Vous êtes donc malheureux. Vous vivez en dehors de la reconnaissance d'autrui. Vous n'avez, comme compagnie, que la fraternité tyrannique de votre estomac et l'amitié autoritaire de votre sexe.

Le passage clouté n'est pas une barrière de ciment infranchissable mais un signe. Il est, à ce titre, comme un appel de Dieu, léger, transgressable, presque invisible. Le code de la route, avec ses panneaux géométriques aux nez de clowns, aux couleurs de fête, aux formes enfantines, est aussi gai et vulnérable que la vie. Par des points d'exclamation, d'amusants triangles, des ronds rouges, de grandes rayures sauvages et blanches, des lumières rythmées, des lampes aux verts insondables et aux rouges intenses, il nous rappelle en nous amusant l'existence des autres. L'égoïsme brutal de l'homme se heurte à la présence ludique des panneaux routiers. Dieu est ainsi. Il nous propose l'amour comme un jeu. Respecter les lignes blanches, freiner avant un virage, ne pas dépasser les limites de vitesse sont autant de règles amusantes pour sortir de soi. Le code de la route est un jeu plaisant, séduisant, qui s'adresse à nous comme à des bambins rigolos, et qui tente, par ses joyeuses propositions, ses chiffres simples, son vocabulaire de maternelle de nous faire découvrir la vie en communauté comme un jeu de société.

Mais vous êtes des millions à ne pas vouloir jouer et à tuer.

Dieu est comme ça. Il nous propose une vie plaisante, sans gravité. Mais si on la refuse, c'est le drame.

Le code de la route est à l'image de Dieu. Il est drôle, coloré, léger. Mais, si on ne le respecte pas, c'est l'enfer.

Quant aux autres, ces fameux prochains dont on parle tant, si on les respecte, ils sont amusants, plaisantins, boute-en-train. Si on les ignore, c'est le cauchemar.

C'est pourquoi je suis triste.

Croyez, cher Monsieur, en mes meilleurs sentiments.

LA SITUATION

Un vieux vous invite à un repas bourgeois, vous assomme de ses discours et n'écoute rien de ce que vous dites.

LA LETTRE

Cher Monsieur,

Je suis ravi de l'excellent repas que vous m'avez servi. Cependant, je n'y ai pris aucun plaisir. En effet, tout au long de la soirée, votre visage se fermait dès que j'abordais d'autres sujets que l'histoire ou la géographie.

Il suffisait que mes propos sortent des repères établis pour que, à la manière d'une limace de mer qui se rétracte, votre regard se replie, m'ignorant tout entier.

Vous me rabaissiez au rôle du rigolo qui ne disait rien de sérieux là où vous, assis sur vos bases historiques ou géographiques, énonciez d'ennuyeuses affirmations inattaquables.

Vos paroles, armées de certitudes livresques, homologuées par plusieurs siècles de consensus culturel, disaient vrai, ne mentaient pas, ne se trompaient pas et ne faisaient que redoubler un réel insipide et connu.

Mes tentatives d'humour, bien au contraire, tentaient, par des hypothèses, des rapprochements inattendus, des inventions, d'exprimer, non pas le réel du monde, mais celui de ma pensée, de mes émotions, bref la singularité de ma personne.

Mais, à peine commençai-je à parler que vos lèvres se dévascularisaient, vos yeux se désinvestissaient, votre visage se vidait de son contenu, vos mains écrasaient le vide. Vous murmuriez pour couvrir mes mots. Vous regardiez ailleurs, là où il ne se passe rien. Et vous rectifiez mes débordements par la lourde description des réalités convenues.

Ceux qui, comme vous, prennent le parti de la réalité, sont des lâches qui s'allient au plus fort. Ceux qui s'appuient sur la rationalité, le vraisemblable ou le vérifiable ont besoin, pour exister, du secours du cosmos. Au lieu de se montrer eux-mêmes, ils dégainent l'Histoire de France, la dynamique des climats ou la composition de Saturne.

Quand je me suis exprimé lors de votre repas, j'ai engagé un combat inégal. Je ne pouvais faire le poids face à la loi de la chute des corps, les conséquences de la Révolution française ou les statistiques sur le cancer du fumeur.

Le conformiste est quelqu'un qui a l'art des alliances. Il signe un pacte avec les encyclopédies et les dictionnaires. Ainsi, dès qu'il ouvre la bouche, c'est un groupe qui fait du bruit.

Mais, si vous répétez ce que disent les livres, j'ai le regret de vous dire que les livres sont beaucoup plus silencieux.

Bien à vous.

LA SITUATION

Vous découvrez le matin qu'on a tagué votre mur.

LA LETTRE

Salut,

Je te connais par la trace que tu as laissée sur mon mur. Je constate qu'elle est illisible. Elle ne s'adresse donc pas à moi, bien qu'elle dégrade ma façade, mais aux autres tagueurs à qui elle oppose une signature particulière.

Les tags attirent les tags, ce qui me confirme qu'il s'agit bien d'un acte urinaire de marquage de territoire, signe visuel tenant lieu de signe olfactif, excrément représentant un individu ou un clan et utilisant les surfaces disponibles des immeubles comme autant de WC muraux.

Ce message, qui utilise vaguement des lettres par une sorte d'ironie, ne dépasse pas le degré zéro de la communication, accessible aux chiens, qui consiste à couvrir une odeur par une autre, et affirmer ainsi sa présence.

Les tagueurs forment donc une société à part dont les membres ne se rencontrent que par chiures interposées et se reconnaissent les uns les autres par ce qu'ils ont en commun : profaner un mur par un déchet dont le trait dynamique est conforme à l'air du temps.

Les tags n'accèdent même pas au statut du vandalisme puisqu'ils se déposent aussi bien sur des façades de luxe que sur les parois de vieux hangars. Ils accèdent encore moins au statut de révolte puisque leur formulation autiste est en dessous du stade de la critique.

Les tagueurs sont des exhibitionnistes et des voyeurs associés. Cette masturbation de groupe, qui prolifère et souille la ville, est une jouissance anale qui n'atteint pas l'élaboration de la sexualité.

Certains veulent y voir de l'art. Il est vrai que l'art conceptuel, qui expose des tas de charbon comme des défécations, qui se veut indéchiffrable, qui recherche le conformisme en se voulant art officiel, relève du tag.

Il est vrai également que la publicité, qui défigure la ville, qui ânonne des slogans simplistes barbouillés dans un dynamisme à la mode, et qui sert aux grandes marques à s'approprier un territoire, a peut-être ouvert le chemin au tag.

Il est vrai encore que la banlieue, qui dépose chaque jour un étron supplémentaire sur la campagne, qui dénature les paysages par de livides résidences, qui marque son territoire par le barbouillis terne de ses routes, de ses parkings, de ses stations-service, préfigure sans doute aussi le tag.

Alors, pourquoi en rajouter ?

Amicalement.

LA SITUATION

Un commerçant vous suit comme un toutou dans un magasin au lieu de vous laisser choisir seul.

LA LETTRE

Cher Monsieur,

Je me permets de vous écrire pour vous informer du désagrément que vous m'avez causé en me suivant comme un chien dans tout le magasin.

Vous ressembliez à un prédateur qui, ayant installé ses pièges dans toute la boutique, suivait avec intérêt son gibier pour assister à sa perte. Or, votre proie, par ses doutes, ses hésitations, humiliait votre attente. À la fois féroce et soumis, vous buviez mes gestes, tentiez d'y lire l'amorce d'une capitulation. Le fauve règle ainsi son comportement sur les hésitations de sa victime. Il en suit toutes les circonvolutions. Il obéit à ses arrêts, à ses départs. Il est comme l'enfant dominé par les gestes de sa mère, qui, attendant de pouvoir mordre son sein avec sadisme, divinise la moindre de ses décisions.

J'étais votre Dieu, la lumière de votre vie sans épaisseur. La mendicité de vos demandes insistantes témoignait de votre situation dramatique de parasite suspendu à la liberté de votre victime.

Votre visage de vieux, mal coloré par une trentaine vivace, ressemblait à une mauvaise prothèse, une machine impatiente, avec une bouche trop lourde, des joues en forme de pantoufle, des sourcils non viables, des oreilles de boxeur, un nez végétal, une peau encombrée de déchets corporels.

Cette chose, qui bourdonnait comme une mauvaise radio, tentait, pour exister, de pénétrer mon libre arbitre.

Je vais porter plainte pour viol.

Sentiments distingués.

LA SITUATION

Une femme vous reproche votre manque de performances sexuelles.

LA LETTRE

Chère Madame,

J'ai pris acte, après notre nuit d'amour, du bilan que vous m'avez énoncé.

Vous me reprochez un manque d'endurance dans le désir. Vous auriez souhaité me percevoir plus fortement et plus longuement.

En d'autres termes, là où ma main, comme une chasseresse, tentait, à la lumière de palpés-roulés, de sautes-moutons charnels, de presses-chairs, de gifles humoristiques, de gratouillis de rongeurs, de pincements taquins, de traquenards sensuels, de débusquer vos fugitives zones érogènes, vous ne vouliez que la pression lourde du mâle libidineux qui force la jouissance par la brutale certitude du désir égoïste.

Là où mes baisers, par d'invraisemblables inventions, transformaient vos orteils en osselets de gamins, vos tétons en soyeux abdomens d'araignées, votre peau en patinoire élastique, votre bouche en exquise protestation, vous n'attendiez que l'embrassade goulue du consommateur.

Alors que je tentais, par mes caresses, d'approfondir votre anxieuse demande de consolation, en posant sur votre peau des problèmes infiniment délicats, vous désiriez la mise à mort de votre corps par la domination professionnelle d'un kinésithérapeute assermenté, d'un toréador à l'horizontale, d'un maître-nageur accompagné de son mode d'emploi, d'un militaire érectile, d'un héros de l'orgasme.

À ma proposition, qui était d'explorer à deux les méandres langoureux de vos béatitudes, vous préfériez un automate qui déclenche vos frissons comme la sonnette provoque l'ouverture d'une porte, un cheval qui hennisse dans votre sexe, un taureau qui déchire vos scrupules, un bronzé dont la stupidité n'hésite pas.

À la qualité structurante, vous préfériez la quantité destructurante.

Au plaisir qui calme, détend et ouvre un espace, vous préfériez la jouissance qui brise et détruit.

Alors, suicidez-vous sans moi.

Avec mes regrets.

LA SITUATION

Vous croisez dans la rue quelqu'un qui a simplement une gueule de con.

LA LETTRE

Cher Monsieur,

Je trouve que vous avez une gueule de con.

Or, le visage que nous portons est la carte géographique qui exhibe aux autres nos espoirs et nos idéaux.

Lorsque cette présentation soutient et diffuse une vision de l'existence déprimante, nous devenons coupables du désespoir des autres.

L'affichage impudique de notre démission, de notre déception métaphysique est un manquement élémentaire au respect d'autrui.

Un regard sans lueur, un front qui capitule, une bouche en forme de compromis perdant, sont des éléments qui insultent la joie de vivre et découragent son prochain.

Toute personne qui a laissé dépérir son visage est irresponsable et dangereuse. Nous avons le devoir de présenter à autrui une face qui exprime une vision au-dessus des circonstances et non le naufrage organique d'une âme rattrapée par la pesanteur.

Le propos de cette lettre est de vous rappeler à vos responsabilités.

Ou vous cessez de publier votre visage dans la rue, ou vous faites le retournement intérieur nécessaire pour présenter une expression correcte, faite d'unité intellectuelle et de fermeté émotionnelle.

Le faisceau misérable avec lequel vous balayez les âmes des passants comme un phare désespérant ne peut continuer à contaminer la population de sa sordide tristesse.

Notre regard, qui est la permanente conclusion de nos pensées, offre à celui qui le lit un résumé rapide et convaincant d'un point de vue sur le monde. Il n'est donc jamais innocent de regarder son voisin.

Ainsi, je vous accuse.

Bien sûr, vous n'avez rien fait. Mais être est pire que faire.

Les enfants, les personnalités faibles, les grands-mères sans défense, les demi-fous, les naïfs, les conformistes, les malheureux sont détournés par votre tête comme une caravane par une mauvaise étoile.

C'est pourquoi, par pitié pour les autres, essayez, s'il vous plaît, de cesser d'être con.

En vous remerciant.

LA SITUATION

Une voiture est garée devant votre garage.

LA LETTRE

Cher Monsieur,

Vous bloquez mon garage malgré le panneau d'interdiction.

Vous auriez été un météore tombé du ciel et bouchant ma sortie pour d'obscures raisons cosmologiques, j'aurais pu vous pardonner.

Vous auriez été un hippopotame, enfoncé dans le ciment de ses instincts pour préserver son espèce, j'aurais pu vous pardonner.

Vous auriez été un dément, étranger au monde, prisonnier de ses convictions délirantes, j'aurais pu vous pardonner.

Vous auriez été un extraterrestre, incapable de comprendre la signification d'une porte de garage, j'aurais pu vous pardonner.

Vous auriez été un chou-fleur, inextricablement ligoté dans ses circonvolutions blanches et impropre à percevoir son environnement, j'aurais pu vous pardonner.

Vous auriez été un enfant, frais et naïf, posant son jouet devant mon entrée comme on sème des pétales de coquelicot, j'aurais pu vous pardonner.

Vous auriez été un imbécile profond, constamment redigéré par sa propre bêtise, j'aurais pu vous pardonner.

Vous auriez été un chien en chaleur, aveuglé par l'attrait impérieux de l'arrière aux troublantes puanteurs d'une femelle de votre espèce, j'aurais pu vous pardonner.

Mais je ne vous pardonne pas.

Ce qui signifie que je ne vous prends ni pour un caillou, ni pour un fou, ni pour un Martien, ni pour un idiot, ni pour un légume, ni pour une bête, mais pour un homme responsable de lui-même et des autres qui a sciemment décidé de mépriser mon existence pour l'excellente raison qu'il allait faire ses courses.

Cette lettre, qui fustige votre égoïsme, est la dernière preuve qui vous reste d'être autre chose qu'un accident de l'univers, un humanoïde sans substance, une nourriture industrielle, un animal borné et pulsionnel, un halluciné à la dérive ou un crétin au cuir épais.

Saisissez-la et coïncidez avec ce que vous êtes.

En vous en remerciant.

LA SITUATION

Vous vous blessez en heurtant à pied un feu rouge.

LA LETTRE

Cher feu rouge,

Je sais qu'en m'adressant à toi, être insensible, indifférent et rigide, je ne respecte pas le principe de réalité qui est de considérer qu'un feu rouge n'est pas une personne à laquelle on parle.

Cependant, lorsque le principe de réalité, qui défend la rigidité du fer et la bêtise des feux rouges, préfère blesser la chair d'un être aussi élaboré que l'homme plutôt que de faire une entorse aux lois de la physique, je bafoue le principe de réalité.

Lorsque toi, poteau métallique cloné, dressé dans toute la splendeur de ton existence officielle, porte-parole du discours binaire qui régule la circulation automobile, tu te resserres sur ta solidité passive pour entamer le nez d'un humain, sous prétexte que la physique quantique t'y autorise, j'enjambe les théories des molécules.

Je me permets de te dire qu'il est facile de vaincre le complexe par le simple. Ta structure minimaliste sera toujours plus solide, plus unie, plus compacte que le tissu compliqué et changeant de mon corps et de mes émotions. Ton triomphe est sans gloire. Il ne fait que confirmer la supériorité de la force brutale sur la fragile sensibilité.

Réussir dans la vie en étant feu rouge est un acte sans grandeur. Tu obéis aussi bien au code de la route qu'aux règles universelles du cosmos. Cette soumission est navrante. Elle va contre la vie.

La douleur que j'ai ressentie au niveau de mon appendice nasal fait partie aussi de l'univers. Elle témoigne que le monde, quelquefois, se rebelle contre ses propres lois. Elle montre que les feux rouges n'ont pas toujours raison.

Cette lettre le montre aussi. Car elle est faite d'atomes et de molécules aussi estimables que celles qui font le fer. Et Dieu, qui autorise ma main à écrire cette protestation, aura pris, au moins le temps de cette rédaction, mon parti contre le tien.

Tu as beau ne rien savoir, ne rien sentir, feu rouge, tu n'es donc pas aussi invulnérable que tu le crois.

En espérant, la prochaine fois, être plutôt touché par ta faiblesse, je te prie de croire, feu rouge, en l'expression de mes sentiments respectueux.

LA SITUATION

Votre grand-mère refuse de vous recevoir chez elle avec votre copine parce que vous n'êtes pas mariés.

LA LETTRE

Chère Mère-Grand,

Tu refuses de me recevoir avec ma petite amie parce que je ne l'ai pas épousée.

Tu resteras donc seule chez toi avec ton horloge qui chronomètre tout, tes convictions que tu préfères à ton petit-fils, ta morale qui te sert de gant de toilette, ta bêtise incontinente, ta télévision qui n'attend pas de réponse, ton journal qui cherche les pervers, tes fesses en forme de fauteuil, tes lèvres rougies comme un quelconque orifice, tes douleurs qui te donnent des privilèges, ton chien mécanisé, ta méchanceté et ses métastases.

En refusant l'existence de ma petite amie non mariée, tu nies l'existence de la femme en tant que telle, la subordonnant à l'homme comme un chien fidèle et reproducteur. Tu entends par "homme" non seulement le mari mais la loi, l'armée, le général de Gaulle, la science, l'industrie automobile, les centrales nucléaires, la publicité, les programmes télévisés, Dieu, le savoir universitaire, le code de la route, le kilométrage entre les villes, les normes sanguines de la santé, la couleur de ton urine, les dosages des recettes de cuisine, l'absence de mouche sur ta toile cirée, le taux de change du dollar, le mépris des cultures exotiques, les tables de multiplication et la valeur du timbre-poste.

Tu es l'épouse du patriotisme, de l'Église, du démembrement, des insecticides, de ton aspirateur, de ton chien nu, du brevet élémentaire, de la domination de l'Occident, du ravalement des façades, du design des réfrigérateurs et du personnage écarquillé de ta boîte de chocolat en poudre.

Tes nains de jardin, tes écureuils en plastique et tes poupées miniatures sont les gardiens du monde solide, matériel, légal et judiciaire.

Tu défends l'État dans tes quarante mètres carrés en dépoussiérant, lustrant et lessivant.

Un État à qui, de surcroît, tu coupes la parole quand tu veux en éteignant ton poste de télévision.

Adieu.

LA SITUATION

Vous êtes nain et les gens rigolent.

LA LETTRE

Madame, Mademoiselle, Monsieur,

Vous avez, l'autre jour, ricané en apercevant ma petite taille.

Le rire, d'ordinaire, fustige un accident dans le parcours d'un individu, comme une chute sur le trottoir, une rencontre abusive avec un panneau de la circulation ou une embrassade involontaire avec une porte vitrée. La rupture avec le comportement quotidien plutôt grave et sérieux constitue le motif de l'hilarité.

Or, mon nanisme n'est pas une glissade sur une peau de banane mais un état permanent.

Rire de mon nanisme, c'est faire comme si c'était un accident dans ma vie alors que c'est la vision du nanisme qui est un accident dans la vôtre.

Une bêtise prononcée fait rire, mais la connerie, qui est une incompréhension permanente, n'est pas drôle. Un lapsus fait rire, mais la méchanceté, qui est une pulsion permanente, n'est pas risible.

En riant de moi, vous n'êtes pas drôles, car la bêtise et la malveillance que vous révélez sont chez vous un état permanent.

Vous autres, dont la taille moyenne n'est que le plagiat de la moyenne de la taille, dont les yeux fatigués ne sont que la copie du consensus français, dont les visages puérils dopés à la publicité ne sont que la réplique des gueules à faire vendre des magazines, vous êtes lissés, convenus, aérodynamiques, glissants, comme des culs de bébés ou des suppositoires à démocratie. Non seulement vos désirs ne sont pas les vôtres, mais même vos frustrations, créées de toutes pièces par la télévision, ne vous appartiennent pas. Vous ressemblez à de mauvais acteurs à la recherche d'un scénario.

Quand j'apparais, petit et ridicule, vous croyez avoir enfin trouvé le gag qui va vous unir, vous donner l'épaisseur d'un audimat pour vos soirées minables entre copains. Que je sois nain, poète, fou, handicapé, génial, étranger, artiste, jumeau, aveugle, physicien quantique, atteint du sida, cosmonaute ou mystique importe peu. Vous pensez tenir votre sujet.

Vous vivez comme de mauvais journalistes qui font de la misère permanente de l'homme le scoop d'actualité.

Faites qu'il se passe quelque chose dans vos vies afin qu'il ne se passe plus rien quand on est nain.

Amicalement.

LA SITUATION

Une femme vous traite de misogyne.

LA LETTRE

Chère Madame,

Vous m'avez, au cours d'une réunion amicale, traité de misogyne.

Je vous réponds par courrier afin de pouvoir développer ma pensée tranquillement, sans être interrompu par les remarques émotionnelles et digressantes dont vous ponctuez habituellement mes énoncés.

En m'accusant de misogynie, vous défendez la femme en général, objet qui a la particularité de ne pas exister. Croire à la femme en général est une vision réductrice de chacune des femmes, vision qui est, bien entendu, la preuve vivante de votre misogynie.

En d'autres termes, seules les femmes misogynes peuvent me traiter de misogyne.

D'ailleurs, votre manière de vous mouler dans une robe qui codifie votre silhouette, de suspendre à vos oreilles ces boucles bruyantes qui s'exposent comme dans un catalogue, de vous déhancher en marchant à la manière d'un homosexuel qui imite les femmes, de maquiller votre peau jusqu'à en faire une pellicule glacée de magazine, de rougir vos lèvres pour qu'elles couvrent de leur gueulante ce que votre pauvre bouche peut dire, de noircir vos yeux pour les immobiliser dans un regard fixe qui ressemble à une photo, de gélifier vos cheveux pour qu'ils ressemblent à un je-ne-sais-quoi prêt-à-porter, montre à quel point vous désirez ressembler à la femme universelle, le top-modèle référentiel.

Le misogyne que vous croyez voir en moi respecte les femmes qui existent parce qu'il se moque de la femme qui n'existe pas.

Votre pensée, qui est une mauvaise photocopieuse, vos désirs, astrologiquement plats, votre vie, qui est l'histoire de la mode, votre avenir, écrit chez tous les charlatans, vos goûts, qui ont l'incohérence de la publicité, votre agressivité, qui est la tricherie de votre impuissance, pourraient me rendre misogyne si je pensais que vous existiez.

Mais je ne suis pas plus misogyne que ce que vous êtes n'a de réalité.

Avec mon respect.

LA SITUATION

Un ivrogne vous insulte de la manière la plus grossière en lançant des coups de poing dans le vide.

LA LETTRE

Cher Monsieur,

Vous m'avez, l'autre jour, rabaissé plus bas que terre avec force vocabulaire et gestes de la plus grande éloquence.

En vérité, je n'ai entendu que les conclusions de votre discours, pas l'introduction ni le développement.

Il est vrai que l'alcool, par sa capacité de désinhibition, mène la parole à l'essentiel, c'est-à-dire à l'insulte.

L'insulte possède d'évidentes qualités de concision, de clarté et de sincérité. Elle court-circuite les détours alambiqués de la démonstration. Elle se passe, avec une désinvolture d'une élégance extrême, de l'argumentation. Elle se rit de la preuve.

Le coup-de-poing dans la figure, que vous manquâtes pour de secondaires problèmes de coordination, est encore plus éloquent que l'insulte.

En effet, l'insulte, dans sa forme pauvre en vocabulaire,

toujours trop générale dans sa désignation, manque finalement son but. En me traitant de “merdeux”, “rat puant” ou “saligaud fini”, vous ratiez ma spécificité personnelle, vous passiez à côté, faute de me connaître, d’une description plus précise, plus réaliste de mes défauts.

Le coup-de-poing, par contre, utilise chez la personne la sensibilité physique. Or, vous savez, d’un savoir universel, que mon système nerveux, lorsqu’il est désagréablement sollicité par une baffe claquante, se charge de communiquer à mon cerveau le message très personnel que votre injure a manqué.

Mais, là encore, à supposer que vos gesticulations eussent réussi à contraindre mon visage, le chemin singulier de ma douleur individuelle vous aurait échappé. Me taper dessus n’aurait pas suffi pour que vous me connaissiez mieux et que vous soyez certain que je sois, effectivement, le rat puant dont vous sollicitiez l’image.

Quelqu’un a dit qu’il fallait connaître pour aimer. J’ai le plaisir de vous apprendre qu’il faut également connaître pour haïr.

À votre santé.

LA SITUATION

Un fou vous poursuit avec un râteau.

LA LETTRE

Cher Monsieur,

Vous avez cherché, avec votre râteau, à me punaiser sur l'herbe comme un vulgaire insecte.

Je crois que, si nous ne nous sommes pas entendus, c'est à cause du râteau.

En effet, la présence de ce tiers individu a créé un déséquilibre dans notre rapport. Dès qu'un groupe humain est en nombre impair, il y a danger que deux se groupent contre un. Une fois la coalition faite, je comprends qu'il était difficile pour vous deux de résister à la tentation de m'éliminer.

Pour me défendre, il aurait fallu que je dispose, moi aussi, d'un associé, comme un gourdin ou un revolver.

Je tiens tout de même à vous conseiller de bien surveiller votre râteau car les associés changent quelquefois de camp, ce qui est vite regrettable.

La fidélisation d'un couteau ou même d'un simple bâton demande plusieurs mois de dressage.

Je me suis bien douté que votre instrument ne vous était pas si attaché qu'il semblait le prétendre, mais, cependant, je n'ai pas voulu prendre le risque de lui faire retourner sa veste, sachant que je n'étais pas plus doué que vous pour le conserver à mon service.

Bien entendu, vous auriez réussi à me piquer sur le sol, c'est le râteau qui aurait été le premier responsable. Vous auriez toutefois risqué des poursuites pour complicité.

C'est pourquoi l'association d'intérêt avec des collaborateurs dont la physionomie exprime des penchants monomaniaques, comme les sécateurs, les outils tranchants, piquants ou sciants en général, peut nous entraîner au-delà de nos propres perspectives.

J'aimerais que vous méditiez ce conseil.

Amicalement.

LA SITUATION

Un universitaire se moque de vous parce que vous croyez à l'existence des yétis.

LA LETTRE

Cher Professeur,

Vous représentez la science.

Or, la science n'est scientifique que lorsqu'elle étudie son objet, pas lorsqu'elle le choisit.

Personne n'évoque jamais cette étape préliminaire essentielle qui est l'élection d'un objet à examiner et qui relève de la subjectivité du chercheur.

Ainsi, préférer s'interroger sur le fonctionnement des corps célestes ou l'intimité des molécules plutôt que sur la présence d'hommes archaïques dans l'Himalaya n'est justifié par aucune raison scientifique.

La moquerie du savant devant l'Abominable Homme des Neiges se veut le ricanement du savoir alors qu'il n'est que celui de l'individu.

On s'aperçoit que la science s'intéresse plus particulièrement à l'infiniment grand, qui n'a aucune signification dans nos vies, à l'infiniment petit, qui ne met pas en danger notre confort psychique, ou à la nature, qui n'est actuellement plus dangereuse.

Les hominoïdes reliques et les objets volants non identifiés, deux thèmes hilarants pour les scientifiques, ont en commun d'envisager que l'espèce humaine n'est peut-être pas la seule à penser et marcher debout.

Le refoulement des sujets signifiants se masque de l'autorité de la connaissance, comme si l'analyse spectrale de la lumière stellaire donnait la moindre compétence pour se gausser des traces dans la neige que laisse, dans une touchante traversée à six mille mètres d'altitude, un primate supérieur autrement plus sincère que vous, monsieur le professeur, dans sa perception du monde.

En vérité, je pense que la grande faiblesse de la science est de laisser aux scientifiques le choix de leur objet d'étude.

Les savants ne sont que des techniciens à qui des poètes, des artistes, des mystiques ou des gens ordinaires devraient imposer leurs jouets.

Ainsi on éviterait la tyrannie du savoir qui vide l'espace de ses extraterrestres et nos montagnes de ses bipèdes velus.

Et peut-être éviterait-on ainsi de donner raison à l'universitaire triste que vous êtes en laissant disparaître le yéti avant de l'avoir découvert.

Sentiments distingués.

LA SITUATION

Un bébé d'une maison voisine braille jour et nuit et gêne votre repos.

LA LETTRE

Cher bébé,

Tu gâches ma vie depuis plusieurs semaines sans le savoir. Ton ignorance te rend innocent. Je dois donc subir tes vagissements sans pouvoir te haïr. Comme tu es, à cause de ton âge, stupide, inconscient et égocentriste, tu as tous les droits.

Tu es le modèle qu'utilisent les emmerdeurs pour saboter la tranquillité de leurs proches.

Quelquefois ils se servent d'un chien dont la bêtise, le manque de conscience réflexive et l'égoïsme biologique autorisent les débordements du nourrisson : bruit, salissure, odeurs.

Quelquefois, ils sont eux-mêmes idiots, inconscients et égoïstes, afin de pouvoir exercer leurs irresponsabilités en toute pureté.

Chaque fois qu'une personne m'agresse, je ne peux me défendre car je n'ai, en face de moi, qu'un bébé, avec tout ce que cela signifie de perversité polymorphe, de malpropretés constitutionnelles, de suintements spontanés, d'affirmations inarticulées, de confusions originelles et de méchancetés vitales.

Grandir ne signifiera pas, pour toi, grimper de l'état d'enfant à celui d'adulte. Cela voudra dire simplement que ton état de rage impuissante passera progressivement de la nature à la pathologie.

Mais pourquoi séparer la nature de la pathologie ? Pourquoi ne pas considérer tout simplement que tu es un fou furieux, mis à nu parce que tu viens de naître et qui dissimule, par ton état animal, ton aliénation mentale ?

Pourquoi ne pas voir que ton agitation perpétuelle, tes mouvements désordonnés, tes humeurs hystériques sont la constitution même de l'être humain ?

Et que ton innocence est le levier dont tu te sers pour tromper les autres et les contaminer de ta perversion ?

Car, en effet, à cause de ton angélique figure, incapable de te détester et obligé de supporter ta nuisance, je me vois pris de subits assauts de colère impuissante et d'émotions désordonnées.

Bonne chance.

LA SITUATION

Votre femme, à la suite d'une discussion houleuse, vous envoie une assiette à la figure.

LA LETTRE

Chère épouse,

J'ai reçu tout à l'heure, au milieu du repas, un projectile ménager dans le visage, en réaction à notre discussion sur les dépenses du mois.

La réduction de notre échange à un affrontement matériel ne m'a pas fait perdre de vue l'aspect symbolique qu'a représenté cette assiette qui a traversé la pièce, dans un vol suicidaire, pour finir sur ma figure, qui est la surface socialisée de mon corps, en une destruction douloureuse et brutale.

Il me semble que, à force de dénouer une à une tes affirmations, j'ai lentement élagué ton agressivité jusqu'à la faire surgir, nue, sous la forme d'un objet inédit, une assiette détournée de sa fonction, un OVNI blanc, de forme pure et de couleur vierge, dont le trajet aérien avait pour but de m'atteindre en deçà de mes mots.

Cette assiette, en attaquant la structure délicate de mon visage, tentait de défaire la construction de mon discours pour dénuder ma violence primitive et la faire sortir de sa boîte à la manière d'un diable de vérité.

Cependant, il me semble que la douleur provoque plus la méchanceté qu'elle ne la révèle. Ainsi, le procédé de l'assiette, à cause de cette ambiguïté, me paraît biaisé dans son fondement. C'est pourquoi, malgré les apparences, ce lancer, parce que pourvoyeur d'une erreur possible, n'avait pas la pureté dont il voulait se parer.

J'en conclus donc que ton agressivité, en dépit de la brutalité de ton geste, possédait encore ce reste de ruse que je croyais avoir éliminé par mes arguments.

C'est pourquoi, puisque ta réaction restait toujours dans l'ordre symbolique, je préfère te répondre par lettre, c'est-à-dire sur le même mode.

Si ce courrier te semble contenir un substrat de roublardise de ma part, ne m'en veux pas, c'est la conséquence de la duplicité de l'assiette.

Lors d'un prochain repas, si tu désires dévoiler mes véritables sentiments, une simple carafe d'eau versée sur ma tête aura, par la franchise et l'innocence de son propos, une meilleure efficacité.

Bises.

LA SITUATION

Un éditeur vous refuse votre manuscrit.

LA LETTRE

Cher Monsieur,

Vous m'avez retourné le roman que je vous ai envoyé en m'indiquant qu'il n'a pas fait l'unanimité de votre comité de lecture.

Il me semble que si mon récit psychologique avait séduit tous vos lecteurs, il n'aurait pu être bon.

En effet, une œuvre géniale divise là où un travail insignifiant emporte l'adhésion de la majorité.

La publicité, performante dans la platitude, le démontre aisément.

Mais j'irai plus loin.

L'inspiration créatrice, par son avance sur son époque, par l'audace avec laquelle elle rompt les conformismes, est obligatoirement douloureuse pour celui qui la lit.

Un mécanisme de défense fait alors percevoir comme mauvais un texte qui fait mal.

Un comité de lecture bien conçu devrait évaluer la valeur d'un travail au déplaisir qu'il lui procure.

Mais j'irai plus loin.

Le vrai génie ne provoque pas de souffrance : il laisse indifférent.

En effet, il est tellement hors de portée de la perception de l'imbécile contemporain qu'il ne déclenche même pas de mécanisme de défense.

Ainsi, un comité de lecture perspicace devrait soigneusement considérer les travaux qui lui paraissent plats, banals et secondaires.

Vous me direz : ce sont les plus nombreux. C'est entendu. J'admets, avec vous, qu'il est impossible, pour un lecteur professionnel, de distinguer le génie du médiocre. Alors, qui est compétent ?

L'auteur.

Voilà pourquoi, au bout du compte, il me paraît évident que seul l'écrivain est habilité à considérer la valeur de son travail.

J'entrevois déjà votre réaction. Les mauvais écrivains affirmeront avec la même sincérité qu'ils sont bons. Alors, comment se dégager de cette difficulté ?

La réponse est évidente. L'erreur est de juger les œuvres. C'est l'auteur qui doit être examiné.

C'est pourquoi, malgré votre refus, je sollicite de votre part un rendez-vous.

Dans cette attente.

LA SITUATION

Un psychiatre estime que vous êtes maniaco-dépressif.

LA LETTRE

Cher Monsieur,

Je suis très étonné de voir que vous étiquetez si facilement les sentiments inouïs qui traversent ma conscience.

Lorsque Dieu écrase le sujet d'un accablement monstrueux ou inonde la personne de dons intellectuels et d'une joie débordante, le professionnel que vous êtes n'y voit qu'un dérèglement du cerveau.

Mais si le cerveau ne pouvait être déréglé, comment Dieu pourrait-il agir ?

Ce que vous appelez "folie maniaco-dépressive" n'est que l'alternance aiguë de l'humeur d'un amoureux. Ce que vous nommez la santé psychique n'est qu'un état d'indifférence au monde qui permet cette stabilité de l'humeur que vous estimez normale. L'amoureux de Dieu oscille, comme tous les amoureux, d'un état de désespoir qui peut mener au suicide à une folle passion qui embrouille les idées.

Ce que vous appelez la raison est la machine que la société jalouse a mise en place pour maîtriser et opprimer les cerveaux. Cette structure aliénante est tellement efficace que Dieu s'épuise contre les esprits bornés, conventionnels, stupides, classificateurs, savants, étroits que l'on rencontre à tous les niveaux du corps social, et notamment chez les médecins et les psychiatres.

La folie est l'état normal de l'être humain. Son caractère aléatoire est la condition même pour que nous puissions être influencés par les variations de l'univers. Seule une feuille morte flottant sur l'eau sera sensible aux mouvements du vent. Ainsi le fou, dégagé des limites de la raison raisonnante, fluctue selon les humeurs divines. Là où vous voyez une maladie qui enferme, j'y vois la liberté du drapeau en qui s'exprime le vent.

D'ailleurs votre tentative de classification a lamentablement échoué. Le terme même de maladie "maniaco-dépressive" illustre bien, par ces deux mots contradictoires accolés, que vous n'avez pu trouver le concept unificateur. Dieu, étant plus vaste que les idées, provoque des paradoxes dès qu'on cherche à le définir. L'alternance même de mon humeur, qui va, sans explication, d'une sombre vision du monde à une excitation agitée, est un paradoxe divin.

En réalité, monsieur le psychiatre, c'est vous qui devriez être enfermé. Mais je ne vous imposerai pas de camisole de force. Votre esprit logique s'en est déjà chargé.

Avec mes respects.

LA SITUATION

Votre patron se plaint des trente-cinq heures.

LA LETTRE

Cher Monsieur,

Ce que nous appelons le progrès social consiste à mettre hors-la-loi des comportements précédemment légaux.

La diminution du temps de travail, l'augmentation du S.M.I.C., les congés payés, les primes de risque ne sont que des précisions pour jeter dans le domaine de la délinquance les anciennes coutumes de l'emploi.

Le patron, dont la vocation est de gagner de l'argent par tous les moyens, passe ainsi de l'état de tyran à celui de malfaiteur.

Petit à petit, les luttes pour la justice sociale transforment les comportements en délits.

Ainsi, la semaine de trente-neuf heures, jusqu'ici acceptée, devient illégale, malhonnête, abusive et scandaleuse.

Tout patron, au regard des nouvelles lois, a un passé de brigand. Tout patron, au vu des législations futures, a un présent de bandit.

Dans le grand mouvement d'éveil de la conscience sociale, qui consiste à transformer progressivement la morale en droit, le patron représente la brute préhistorique et l'employé la victime éclairée.

La société évoluant, comme les organismes vivants, de l'animalité à l'humanité, les patrons représentent les dinosaures et les employés les mammifères supérieurs.

Les motivations des patrons, qui sont le pouvoir et le gain, sont grignotées doucement par l'illégalité tandis que les aspirations des travailleurs, qui sont l'accession à la dignité, sont récompensées lentement par une légitimité juridique.

En vérité, les patrons sont à la fois nécessaires et dangereux. Une législation en perpétuelle transformation régule leur puissance afin que le corps social en retire l'énergie nécessaire tout en évitant la destruction.

Le patron propose donc à la société la force de l'égoïsme, du cynisme, de l'appétit insatiable, de l'excitation devant l'argent. La société contrôle ce moteur par des répressions morales.

On dit que les patrons traitent leurs employés comme du bétail.

Mais, vous, monsieur le patron, utilisé comme une bête castrée par la société, vous êtes l'animal domestique de l'État.

Salutations.

LA SITUATION

Quelqu'un vous vante Internet.

LA LETTRE

Bonjour,

Chaque fois que quelqu'un me cause du mal, il s'agit d'une personne névrosée.

Ainsi, la personne n'est pas coupable du tort qu'elle me cause mais est elle-même victime de son propre dysfonctionnement.

Son dérèglement psychique est dû à celui de ses parents qui, eux-mêmes, le doivent aux leurs et ainsi de suite.

Ainsi, la véritable faute originelle est-elle diluée dans une temporalité inaccessible.

Ma haine se heurte à l'opacité du passé. L'ennemi n'est pas visible. C'est une sorte de virus psychologique transmis de génération en génération depuis les origines jusqu'à nous.

Mon animosité ne trouvant sa cible, elle se répercutera sur une personne innocente qui, elle-même, ne pourra me détester pour les mêmes raisons.

Ainsi, je transmettrai moi-même ce virus psychique, à mon insu, et sans véritable culpabilité.

Toutes les relations humaines se résument à l'envoi de mains en mains d'un ballon brûlant qui remonte au fond des âges.

Le jeu consiste à se débarrasser le plus vite possible de cet objet en le refilant à quelqu'un d'autre.

Si on garde ce cadeau empoisonné, on meurt sur la croix, on se suicide, on tombe dans la dépression ou la folie.

Notre temps se caractérise par l'accélération de la communication. Il est vrai, qu'à l'époque de la science et de la modernité, nous n'acceptons plus de souffrir. Nous avons alors inventé Internet pour faire circuler plus vite le péché originel.

Ainsi, les névroses et les psychoses se répandent-elles aujourd'hui à la vitesse de la lumière.

Ce qu'on appelle la mondialisation est cette solidarité criminelle de toute la population terrienne, désormais unie dans le renvoi maintenant instantané à autrui du ballon brûlant.

Internet n'est que l'outil de cette déresponsabilisation collective.

Amicalement.

LA SITUATION

Une fille vous quitte.

LA LETTRE

Ma chère amie,

Tu as pris seule une décision qui nous concernait tous les deux. Je t'écris pour t'informer que je n'ai pas pris la même résolution que toi.

Je continue, jour après jour, à vivre avec toi, à chérir tes cheveux, à m'illuminer de l'abondance de tes yeux.

Je m'aperçois, au fil du temps, que je n'ai pas besoin de toi pour profiter de toi.

Les moments que nous avons vécus ensemble m'ont donné un capital d'informations suffisant pour gérer notre relation jusqu'à la fin de mes jours.

Tu n'es plus là, simplement, pour troubler l'harmonieuse façon avec laquelle je profite de toi.

Tes propos venimeux n'encombrent plus l'amour que je te voue. Ta présence physique grossière ne pèse plus sur les sentiments de notre couple.

En me quittant, tu as débarrassé notre histoire de ta mauvaise humeur, de tes plaintes mesquines, de tes reproches paranoïaques, de ton narcissisme constitutionnel.

Tu as enlevé de notre histoire ton histoire.

Et tu sais que je jouis de toi, maintenant, dans la fumée idéale de l'absence, tandis que toi, mariée à toi-même pour le pire, te trouve aujourd'hui sans issue.

Et quand tu rêves d'être heureuse, seule dans ton petit appartement sophistiqué, c'est mon bonheur que tu vois, car tu sais que je suis avec toi désormais pour la vie.

Et si tu te dresses, haineuse, dans ton refus, c'est bien parce qu'il ne te reste que la pire partie de nous-mêmes, celle dont tu m'as soulagé.

Bonne chance.

LA SITUATION

Dieu persiste à ne pas vous apparaître.

LA LETTRE

Cher Être suprême,

Voilà plus de dix ans que je tente, par les voies les plus diverses, comme la méditation, la prière, la dévotion, le rite, la bonne action, l'étude des textes religieux, la génuflexion, la récitation, la communion ou la confession, de faire apparaître Ta face.

Or, tu Te bornes à l'invisibilité et à l'absence avec une désinvolture suspecte.

Tu te limites à n'exister que comme effet secondaire. Nous ne vivons pas avec Toi mais avec les conséquences de ton existence, à savoir le monde. Cette trace, certes merveilleuse, que tu as laissée sur le vide originel, est une chatouille permanente qui ne fait qu'exacerber notre manque.

En effet, la beauté de la nature clame la possibilité de Ton existence comme un bon de loto nous rappelle la possibilité de devenir milliardaire.

Nous sommes comme des pauvres obligés d'assister au spectacle de la richesse, sous la forme de verdure, d'arbres, de ciels évocateurs, d'oiseaux de paradis ou de papillons suggestifs. Ce frôlement de la jouissance sur nos vies désespérées vire à l'insupportable.

Le plus flagrant sont les nuages. Hors de portée, insaisissables, ils s'étirent magnifiquement au-dessus de nous, dévoilant par leurs formes toujours renouvelées des promesses inouïes qui ne sont jamais tenues.

La femme est la pire des provocations. Elle nous propose une avance sur la félicité divine sans la certitude d'obtenir la suite.

Il y a quelque chose du charlatanisme à déployer, comme une scandaleuse publicité, les splendeurs des milieux naturels, la magnificence de la création, la surnaturelle finition des animaux.

Alors que des êtres humains souffrent de la faim ou de la maladie, Tu te permets de les narguer avec des papillons qui folâtrent de fleur en fleur avec une insouciance insultante.

Ce jeu doit finir.

Ou tu Te montres une fois pour toutes, ou Tu ne pourras pas Te plaindre que l'homme, par dignité, détruise définitivement la nature.

Peut-être à bientôt.

LA SITUATION

Vous avez échoué dans une discussion face à un imbécile qui ne comprenait pas vos arguments.

LA LETTRE

Bonjour,

Nous avons, hier, discuté ensemble de divers sujets d'intérêt général, et vous avez renversé, par des slogans grossiers mais efficaces, mes tentatives d'explication.

Ainsi, vous avez réussi à me prendre pour un idiot alors que vous m'êtes intellectuellement inférieur.

Je ne puis vous reprocher votre bêtise puisqu'il ne s'agit pas chez vous d'une faute morale mais d'un inachèvement cérébral.

Ce qui m'insupporte, par contre, c'est que, malgré cette insuffisance, vous disposez d'une paire d'yeux, d'une bouche, d'un corps intègre, d'un libre arbitre, bref d'attributs ordinairement humains qui obligent le moraliste en moi à vous considérer comme un égal et donc à souffrir de l'opinion que vous avez de moi.

D'une certaine manière, vous plagiez chez le genre "homo sapiens" des éléments, visage, attitudes, langage articulé, qui volent nettement au-dessus de votre niveau et légitiment indûment vos propos imbéciles.

Bien entendu, la lourdeur de votre expression, la pesanteur de votre lèvre inférieure, la matérialité de vos yeux, votre abondance nasale, le trop-plein de vos joues, témoignent que votre face n'est qu'un vêtement emprunté que vous avez adopté sans l'avoir essayé.

De la même façon, votre conscience se débat pour habiter un langage qui n'est pas à votre taille.

Mais, comme aucun propriétaire ne peut se manifester pour prétendre récupérer ce que vous avez volé, vous êtes maître du territoire corporo-culturel que vous occupez.

Ce mimétisme, qui vous fait ressembler à un être humain, vous trompe vous-même puisque vous êtes persuadé en être un.

Moi-même, tant que je souffrirai de la très mauvaise opinion que vous avez de moi, serai victime de cette illusion.

C'est pourquoi je vous remercie, malgré tout, de présenter au monde une face de crétin, qui, par le soulagement qu'elle apporte aux personnes sensibles que vous avez offusquées, est un premier pas vers la générosité.

Une générosité entièrement tournée vers les autres puisque, quand vous vous regardez dans la glace, vous ne la voyez pas.

Bonne journée.

LA SITUATION

Un universitaire utilise à tout bout de champ le terme “méthodologie” au lieu de “méthode”.

LA LETTRE

Monsieur le professeur,

Je me permets de vous écrire pour attirer votre attention sur votre utilisation erronée du mot “méthodologie” en lieu et place du terme “méthode”.

Par exemple, je vous entends couramment annoncer : “La méthodologie que vous allez utiliser…” alors que ce vocable signifie étude ou ensemble de méthodes.

J’ai constaté que le dictionnaire prévient de l’utilisation abusive de ce terme, devenue courante dans le milieu scientifique, montrant par là que votre tic langagier est un défaut collectif des universitaires en général, soucieux de se reconnaître entre eux par un vocabulaire spécifique.

Cette ruse qui consiste à détourner un mot de sa fonction pour se parer d’une décoration scientifique est une prise de pouvoir par escroquerie. En utilisant l’autorité de la science, vous videz un mot de son sens sans demander l’autorisation à la francophonie.

L'évolution d'une langue se fait malheureusement par lente digestion des erreurs, mauvaises prononciations, vols de significations, incompréhensions répétées ou cyniques détournements. Le français que nous parlons aujourd'hui est pollué de tous les mensonges institutionnels, les déguisements verbaux, les falsifications langagières, les raccourcis illicites que les représentants du savoir comme vous ont légitimés pour assurer leur distinction sociale.

Alors que vous croyez transmettre, monsieur le professeur, la précision d'un savoir scientifique, vous contaminez le langage même qui permet de comprendre la science par les pédanteries d'un vocabulaire imprécis. Vous divulguez ainsi un français définitivement entaché de confusion comme un organisme génétiquement modifié.

Tant que les scientifiques seront soucieux de leur prestige personnel, la science ne sera pas scientifique.

C'est pourquoi, dans le souci de défendre l'objectivité et la rationalité scientifiques, je vous demande, monsieur le professeur, d'entamer une recherche spirituelle.

Avec mes meilleurs souhaits.

LA SITUATION

Un voisin fait crotter son chien sur le trottoir.

LA LETTRE

Cher voisin,

J'ai trouvé ce matin, devant ma porte, la crotte encore fumante de votre chien, rougie par les colorants de ses croquettes et indigeste aux mouches à cause de ses nombreux conservateurs. Outre que je conseillerais à votre animal de manger biologique, comme les pauvres autrefois, afin de laisser des déchets biodégradables, j'aimerais attirer votre attention sur le rôle du chien dans la vie urbaine.

Le chien, comme la laisse l'indique, est la prolongation de son maître. Cette tumeur, sans conscience réfléchie, échappe à la morale humaine. Posséder un chien, c'est pouvoir chier, mordre, aboyer, puer, lécher, enquiquiner la vie des autres par délégation.

L'excrément de votre compagnon est humain parce que vous en êtes le maître et que lui-même se prend pour un homme. Lorsque je vois, dans la rue, votre animal nu, nanifié par les sélections en série pour loger dans les studios, à la gueule et au sexe ayant résisté au rétrécissement, à la peau tendue pour formater l'obésité, mu par des pulsions qui ont pris dans sa tête la forme de convictions, autorégulant sa température dans un atroce bruit de halètement masturbatoire, préférant flairer autrui plutôt que de le rencontrer, c'est vous que je vois, dans l'innocence canine de votre stupidité.

Et lorsque je vous vois, vous, nanifié par l'inculture, à la gueule et au sexe ayant résisté à l'humanisation, au pull tendu pour formater l'obésité, mu par des certitudes qui n'ont même pas la dignité de l'instinct, autorégulant votre vision du monde par des slogans masturbatoires, fuyant les autres parce que vous ne pouvez pas les sentir, c'est votre chien que je vois, avec l'innocence canine en moins.

À cause des excréments que votre roquet répand sur le trottoir, nous sommes tous obligés de marcher le nez dirigé vers le sol, comme des chiens.

C'est pourquoi je vous demande, cher voisin, en dominant votre chien, c'est-à-dire en l'obligeant à poser culotte dans le caniveau, de cesser de nous dominer.

Sentiments distingués.

LA SITUATION

Un écrivain vous regarde avec un air supérieur parce qu'il a du talent.

LA LETTRE

Cher Monsieur,

J'ai eu le plaisir, après avoir lu votre ouvrage, de vous rencontrer à votre stand de dédicace.

Cependant, il m'a semblé que vous regardiez avec mépris l'homme ordinaire que vous avez cru deviner en moi.

Or, vous savez que le talent est une facilité dans un domaine quelconque. Et que le mérite vient de la difficulté.

Les imbéciles admirent le vol des oiseaux en oubliant qu'ils sont soutenus par des ailes. D'autres sont fascinés par les motos en omettant qu'elles possèdent des roues. D'autres encore congratulent un mathématicien sans regarder l'encéphale qui fait le travail à sa place.

Votre talent n'est rien d'autre que les dents qui permettent à un râteau de ratisser ou les courroies qui font fonctionner une moissonneuse-batteuse.

Que vous l'ayez hérité génétiquement ou acquis grâce à un milieu favorable, ce talent, parce qu'il vous dispense de l'effort ou du travail, vous enlève toute valeur morale.

Votre orgueil n'est que celui du riche qui assimile ses possessions à des qualités personnelles.

D'ailleurs, votre corps, aux mouvements saccadés, aux attitudes fausses, montre que la notoriété vous a rendu inaccessible même par vous-même.

Votre réussite littéraire dévoile que la société, qui n'a pas eu la pudeur d'attendre votre mort pour vous récupérer, estime que vous n'êtes plus vivant.

Votre attitude de supériorité n'est-elle pas la décalcomanie de la situation télévisuelle où le public est réduit à l'œil borgne et décérébré d'une caméra et où l'écrivain, mis en situation de communication à sens unique par la télédiffusion, jette son image dans le pays comme une publicité, c'est-à-dire une proclamation qui, par l'absence de réponse d'un public muet, ne peut que finir en autoproclamation ?

Votre vanité, structurée comme un espace télévisuel, fait que vous n'êtes plus, monsieur l'écrivain, qu'un énorme média.

Avec mes respects.

LA SITUATION

Un imbécile vous insulte de la manière la plus grossière.

LA LETTRE

Cher Monsieur,

Fonctionnaire de la déprime. Imbécile à géométrie variable. Con formaté. Brouillon d'humain. Primate bovin. Copie sexuée. Photocopieuse bricolée. Penseur à la sauvette. Pirate du droit. Resquilleur assisté par le conformisme. Chien votant. Inexistant envahissant. Cow-boy délavé à la française. Pollueur de sérénité. Petit chef chronique. Rabat-joie contagieux. Flic privatisé. Catalyseur de connerie. Sadique en impuissance. Névrosé avant Freud. Fou sans folie. Mauvais humoriste. Gangster sans gang. Mentalité domestique. Guignol de peu de foi. Marionnette des instincts. Raté sans avoir essayé. Menteur sans talent. Cocu sans femme. Laideur sans message. Ordure du rien. Sac à n'importe quoi. Venin dénaturé. Stupide jusqu'à l'illégalité. Congénitalement en trop. Grossièrement vivant. Infirme de la cohérence. Organiquement commun.

Arriéré officiel. Rachitique de l'esprit. Retardé de la comprenette. Diminué du moi. Chauve de la volonté. Amputé du réel. Exclu de soi-même. Musculairement stupide. Mécaniquement méchant. Guenon masculine. Bandit de la logique. Misérable survivant. Boxeur boxé. Hébété du mental. Nouille indigeste. Andouille de muséum. Dégénéré francophone. Nationaliste de soi-même. Surmené de l'estomac. Viandard de consciences. Automobiliste à pied. Dictateur de l'infime. Rejeton superfétatoire. Chauffard de la vérité. Radio-passif. Encombré du détail. Littérateur de rue. Gueule d'anonyme. Pochette sans surprise. Face prévue. Exilé de l'avenir. Raisonneur à vide. Diffuseur de petitesse. Vaincu prédéterminé. Astrologiquement peu fiable. Boutonneux du cervelet. Sangsue de ta mère. Imbécile relique. Parasite inadapté. Trou sans bord. Pitre de croisière. Clown névrosé. Gibier de rue. Soldat de l'inutile. Arlequin sans projet. Agitateur de vide. Brasseur de gris. Front à la sauvette. Tagueur des consciences. Infini triste. Pornographe de la conversation. Enquiquineur anonyme. Pollueur en série. Resquilleur du vrai. Braillard en gyrophare. Perroquet des perroquets. Bon élève des mauvaises écoles. Dévot du moi. Chauvin de quartier. Prédateur centimétrique. Assassin de la nuance. Jusqu'au-boutiste privé. Enragé de l'obéissance. Maniaque de la négation. Contrôleur du dérisoire. Fanatique du déjà-vu. Collectionneur du connu. Consommateur linéaire. Autodidacte de l'imbécillité. Prêt-à-faire chier. Pique-assiette automatisé. Endurci de l'épaisseur. Professionnel de la confusion. Voleur sans désir. Hypocrite sans projet. Ambitieux du petit. Sordide méthodique. Régulier de la dépréciation. Amoureux de l'arbitraire. Hyperpotame. Gorille à chair humaine. Ennemi public numéro cinq cent mille. Superman de la moyenne. Femmelette de la masculinité. Machine à laver les enthousiasmes. Animateur du prévisible. Raboteur du pimenté. Autiste adapté. Virus mental. Avare de la joie. Robot sans contrôle technique. Noyé de la bourgeoisie. Soldat de dixième classe. Extrémiste du mou.

Bonne continuation.

LA SITUATION

Le public d'une salle de cinéma rigole bêtement aux gags primaires d'un film industriel.

LA LETTRE

Chère foule,

Je m'adresse à toi, public, en tant que personne unique bien que tu sois multiple. Mais l'uniformité de ton rire qui jaillit identiquement malgré la diversité des visages, sa parfaite synchronisation en dépit de la variété des personnes m'autorise à te traiter comme une unique conscience. Car, à l'image d'une armée enrégimentée par une commune propagande, tu réagis en chœur aux plaisanteries sans surprises du scénario cinématographique.

Cette harmonie qui unit fraternellement ton troupeau de spectateurs, secoués simultanément par les mêmes spasmes, laisse l'illusion d'une formidable complicité entre tes gens. Mais c'est la connivence avec la bêtise qui orchestre tes personnes qui, en d'autres circonstances, lèveraient les armes les unes contre les autres.

Cette adhésion aux gags grossiers, si spontanée qu'elle relève de la biologie, crée une communion dans la salle qui, par son bénéfice, consolide l'erreur.

Foule, tu triomphes par le nombre de tes parties et non par leur subtilité. Comme dans un suffrage universel où les imbéciles l'emportent parce qu'ils sont majoritaires, le vote bruyant de tes rires impose sa dictature.

Unis dans l'inconscience, les spectateurs insultent l'esprit avec de braves visages d'enfants et d'infantiles manifestations de plaisir. Le talent, l'intelligence et l'exigence sont mis en échec dans une joie animale.

Et alors que le cinéphile souffre, exclu par les orgasmes du public, il retrouve, dans la familiarité des gloussements, des souvenirs de famille où beaux-frères, beaux-pères, belles-mères, grandes tantes, grands-pères, vagues cousins s'esclaffaient de contrepèteries ou de jeux de mots dérisoires lors d'épuisants repas.

Et il découvre que le cinéma industriel et la famille sont un seul et même ennemi.

Et que si tes représentants, chère foule, démontrent, en s'esclaffant ensemble, qu'ils sont tous identiques, alors leurs différences, mentons proéminents ou flasques, joues engraissées ou défaites, oreilles prétentieuses ou vaincues, ne sont que des accidents.

Et que l'éruption arbitraire de ces hasards anatomiques trouve alors dans d'invraisemblables organes de nauséeuses incarnations. D'où l'offensante impudeur des nez hors cadre, des yeux opacifiés, des fronts déréglementés, des épidermes sans étanchéité, des mains assassines, des bouches déculturées.

Et lorsque je m'enferme dans une salle de cinéma pour que l'obscurité me masque cette indécente biodiversité, l'obscénité de son accord m'offense.

Foule, c'est parce que tu es unique que ta multiplicité est inconvenante.

Bonne dispersion.

LA SITUATION

Des voisins versent du sel sur les plantes que vous laissez pousser sur le pas de votre porte en bord de trottoir.

LA LETTRE

Chers voisins,

Je vous ai surpris depuis ma fenêtre en train de saupoudrer de sel les herbes qui se développent dans les interstices de mon trottoir.

Or, je connais votre point de vue que vous avez déjà imprudemment exprimé à voix haute.

Vous empoisonnez les végétaux qu'une municipalité écologiste laisse s'épanouir pour lutter, selon vos propres termes, contre la tiers-mondialisation de la France. Vous avez associé cette déchéance de notre pays à sa lâcheté devant l'Allemagne qui dicte aujourd'hui sa loi économique en Europe. Vous avez évoqué la dernière guerre durant laquelle vos cousins, dénoncés par des collaborateurs, ont été déportés. Vous avez ainsi assimilé la faiblesse actuelle des Français devant notre voisin d'outre-Rhin à la couardise historique des traîtres face à l'envahisseur.

Ces raccourcis m'ont éclairé quant à votre discours. En nettoyant les trottoirs de leurs trèfles, vous réhabilitez l'honneur de notre pays. Votre exemple a pour but de ranimer le patriotisme contre l'ennemi. Bref, vous énoncez sans ambiguïté que les résidents qui protègent la biodiversité dans la rue se couchent devant l'Allemagne, se rendant coupables de haute trahison, et dévoilant leur appartenance à la famille des dénonciateurs en temps de guerre.

Devant mon entêtement à défendre les graminées sauvages, c'est-à-dire la sauvagerie, vous déversez du sel, un herbicide écologique, donc politiquement correct, pour imposer votre morale.

D'ailleurs, à chaque fête nationale, vous arborez un drapeau français sur la façade de votre maison bourgeoise, seul navire chauvin encore respectable dans le désastre d'habitations à la sournoise neutralité. Lorsque vous quittez votre demeure, c'est pour vous déplacer à vive allure afin de réduire votre temps de passage dans la rue, ce milieu hostile. Vous allez de salon en salon, c'est-à-dire d'oasis en oasis, en traversant d'un pas dynamique et militaire le territoire dégradé de la France qui abrite les descendants des responsables de la Capitulation.

Retraités de fonctions officielles et honorifiques, vous exigez qu'un halo de netteté préserve les trajets que vous avez mis au point pour joindre au plus court telle académie ou telle épicerie fine. Votre vie ascétique, votre alimentation saine ont pour objet de vous rendre irréprochables pour mieux accabler les autres.

Malheureusement, vos visages sont les premiers traîtres dont vous devriez vous défier. Madame, vos yeux crispés comme deux serrures, vos joues ridées de sourires automatiques, votre bouche à l'étroit dans un petit usufruit, votre corps dévêtu de toute sensualité dénoncent la haine sans talent qui vous sert de structure. Monsieur, votre expression domestique et docile, votre air de soumission impubère divulguent votre obéissance à la morale d'État dont votre épouse est la gardienne. Ces deux visages qui révèlent votre duplicité sont vos véritables adversaires. D'ailleurs, vous vous en méfiez. Vous tentez d'en empêcher la lecture. Vous les couvrez d'innocences glacées, d'entrains artificiels, de convictions murées. Vous les maquillez à tel point qu'ils ne trompent que vous.

Sachez, chers voisins, que lorsqu'on dénie la vérité, c'est la vérité qui devient notre ennemie.

Avec ma compassion.

LA SITUATION

Une fille vous séduit pour vous traiter ensuite de garçon facile.

LA LETTRE

Chère petite,

Tu es venue avec tes yeux innocents chargés d'ambivalences. Tes mains se sont compromises en allusions et ton sourire en promesses répétées. Envoûté, je t'ai confié mon trouble.

Depuis ce moment, tu as instrumentalisé mon aveu par des réflexions désobligeantes, livrées en public afin que je ne puisse me défendre, et consistant à tourner en ridicule la faiblesse que je t'avais exprimée.

Lorsque je t'ai reproché tes incorrections, tu les as réduites à des plaisanteries sans signification, niant le contexte qui leur donnait sens.

Or, l'évitement du sens est typique d'une ruse perverse.

Et la méthode du pervers consiste à adopter une attitude suicidaire. Il manipule et rabaisse autrui afin de se dégrader lui-même. Il devient ainsi invincible. Car, si l'on est gentil avec lui, il disposera d'un contenu à déprécier. Et si l'on est méchant, il jouira d'être avili. Dans la situation habituelle d'un conflit, deux personnes s'opposent parce qu'elles ont la même idée du profit. Ainsi, une négociation de contrat est un combat pour un gâteau que les deux parties apprécient. Deux rivaux s'opposent parce qu'ils sont engagés dans un identique courant.

Mais celui qui inverse ce courant quitte le langage universel. Là est sa tromperie. Il falsifie la vérité en sacrifiant l'élan vital qui la soutient. Dès lors, rien ne le touche. D'où cette étrange force qui lui sert à fasciner sa proie, interloquée par son visage de certitude surgi d'un autre monde. Le pervers a renoncé à tout sauf à la jouissance d'entraîner les autres dans sa chute. Ne pouvant établir de relation avec ses prochains, il veut imposer sa religion pour ne pas disparaître seul.

Mais, il ne s'évanouit pas. Éternel comme un vampire, il progresse de victime en victime, profitant de l'impunité intérieure que lui procure son abandon de l'idéal, et se revitalisant chaque fois qu'il profane le vrai.

Ayant compris que seul l'attachement à la vie nous fragilise, tu t'es dissociée de la vie pour éviter la souffrance. Mais, en tant que mort-vivant, te voilà maintenant assujettie à la recherche de sang frais. Au lieu de poursuivre la vie, tu pourchasses ton gibier. Tes martyrs sont les dieux dont tu dépends et que tu épuises les uns après les autres. Au lieu d'être mortelle et de chercher le Dieu immortel, tu es une immortelle qui court après des dieux mortels. Mais tu as beau les détruire, ils restent si nombreux et si atrocement vivants que tu n'en peux plus de courir pour les annihiler.

Et ainsi, lorsque je savoure paisiblement mon thé dans le bain de jouvence de mon jardin, je sais que mon plaisir te snobe et te ramène à ta finitude.

Bonne fin de vie,

LA SITUATION

Vous êtes né alors que vous n'avez rien demandé.

LA LETTRE

Bonjour,

À qui s'adresse ce courrier? Les responsables de ma naissance sont multiples. Je pourrais citer pêle-mêle mes parents, l'hygiène médicale, l'absence de guerre à la date de mon arrivée, le comportement correct des automobilistes durant la grossesse de ma mère, l'explosion du Big Bang, la présence de l'Être plutôt que du Néant, le sentiment de responsabilité des sages-femmes. Les coupables sont si nombreux que leur culpabilité est atténuée d'autant. L'interdépendance des êtres et des choses disperse les fautifs dans un infini qui leur sert de cachette et me prive d'objet à haïr.

Il n'empêche. Cette dissimulation des causes de ma naissance dans une indéchiffrable complexité ne saurait en supprimer la brutale réalité. Je suis né sans mon consentement.

Pire. Il m'a fallu adhérer sans recul, sans nuance et sans réflexion à l'apprentissage de la parole pour posséder, après-coup, le jugement critique sur ma situation. Mais l'engagement affectif était tel qu'il ne pouvait que colorer mon interprétation d'une indécrottable influence subjective.

La preuve en est qu'un individu élevé dans une culture ne l'abandonne jamais pour en choisir une autre qui remplacerait intégralement la première.

Définitivement corrompu par une époque, un lieu, une langue, une histoire personnelle, je n'accéderai jamais à la neutralité qui permet la pensée libre.

Trop impliqué pour identifier qui est le véritable ennemi à l'origine de ma présence sur cette Terre, je lui adresse cependant cette lettre en espérant qu'il saura se reconnaître.

Ma révolte, aussi confuse soit-elle, est le signe que j'ai commencé à me déprendre des attributs trop singuliers qui orchestrent mon enchaînement. Non, je ne suis ni moi, ni ce corps, ni cette personne que l'on veut m'imposer. Je ne suis ni de cette époque, ni de ce pays, ni de cette langue. Ce qui me distingue des autres, à savoir mon poids, ma taille, mes idées, ne sont que le décor dans lequel j'ai été englouti. Je refuse tout sans penser car je me méfie de mon intelligence qui n'est pas mienne mais celle de mon temps.

Je me tourne alors vers le *je-ne-sais-quoi* qui a présidé à mon incarnation. Et je lui renvoie un refus sans argument, sans preuve, sans aucune prise qui me ramènerait à la spécificité de ma vie.

C'est pourquoi ce courrier est sans raisonnement, sans contenu, et ainsi sans égarement.

En vous souhaitant bonne réception.

LA SITUATION

Vous êtes éditeur et recevez un manuscrit ni bon ni mauvais.

LA LETTRE

Cher auteur,

Notre maison d'édition accuse réception de votre manuscrit et vous livre les conclusions de notre comité de lecture.

Tout d'abord, vous remarquerez que nous nous adressons à vous en tant qu'auteur et non écrivain. Auteur est un terme indiscutable. Tout le monde peut être auteur d'un crime, d'une pensée coupable ou d'un mauvais livre. L'écrivain n'est désigné que par le recul historique, cette distance qui décontextualise l'œuvre pour en débusquer l'universalité.

Malheureusement, votre travail glisse sur les mémoires. Contrairement à votre proposition, certains manuscrits particulièrement mauvais impressionnent néanmoins le souvenir. Il est des acrobaties de la minutie dans l'égarement, de l'obstination dans les certitudes, qui forcent toutefois l'admiration. Quand ainsi l'absence d'envergure est remplacée par une volonté têtue, cynique, qui emploie tous les procédés musculaires pour contrefaire le génie, nous voyons malgré tout dans ce travail d'insecte l'expression d'une force vitale qui, loin de se désespérer de ne rien comprendre à la littérature, presse la porte du talent avec une rage dont nous apprécions la ténacité.

Mais votre texte dispose malheureusement de qualités formelles. Votre syntaxe est correcte, vos expressions claires, votre pensée fluide. L'histoire est bien construite, les réflexions justes. Ainsi, votre texte n'est traversé ni par l'énergie impersonnelle de l'inspiration, ni par celle toute personnelle du labeur entêté. Votre projet, dans une parfaite moyenne et une idéale insignifiance, ne possède aucun de ces excès, par le haut ou par le bas, qui offrirait une prise à l'intérêt. Vous avez fabriqué un bon livre dont personne n'a rien à faire.

Plus encore, ces types de travaux, résultats d'une culture générale, de lectures accumulées, d'un bon sens tautologique et d'une sensibilité qui n'a d'universel que l'ordinaire, miment si bien l'esprit qu'ils entraînent dans la confusion la majorité des lecteurs qui, malheureusement, vous ressemblent. Ces productions portent tort aux chefs-d'œuvre qu'elles remplacent par mimétisme.

En fait, vous proposez du plaisir alors que nous cherchons de la jouissance, vous servez de la continuité alors que nous désirons de la rupture.

Nous ne pouvons nous retenir de vous imaginer installé devant votre ordinateur, avec une pipe et trois chats, dans la posture confortable du créateur qui convoque, pour écrire, les outils techniques que sont l'intelligence, l'émotion et l'érudition, et fabriquant, à la manière d'un artisan, votre tapisserie littéraire. Votre ego, régulièrement flatté par ce que vous prenez pour des trouvailles, alors qu'il ne s'agit que des conclusions d'une banale grammaire intellectuelle ou affective, sursaute de satisfaction. Ces petites montées de glycémie vous encouragent à progresser. Chaque fois que votre encéphale, dans la mécanique d'un exercice sans transcendance, produit ses conséquences, vous vous en attribuez l'importance. Dérouler votre maîtrise gymnasticale du langage échauffe votre amour-propre. L'objet que vous tissez vous concrétise. Vous construisez par petites touches une image de vous-même plus attendrissante que celle du miroir et avec laquelle vous pensez nous surprendre. Bref, vous vous sentez inventeur des processus ordinaires du langage et de la pensée.

Nous visualisons votre visage de touriste du livre, avec sa casquette pour le protéger de Dieu, le sourire frais mais limité du collectionneur, le contentement solide mais borné du spécialiste, avec les yeux plissés du tonton sympathique, les joues gonflées du boute-en-train qui stocke les jeux de mots dans ses bajoues.

Il y a une surpopulation de livres, une surpopulation d'auteurs. Dites-vous qu'il y a une surpopulation de vous-mêmes.

Bonne réception.

LA SITUATION

Un ami apprend l'anglais plus rapidement que vous.

LA LETTRE

Cher Bernard,

Je t'écris pour te transmettre mon admiration devant tes rapides progrès en langue anglaise, ou américaine peu importe, étant incapable de distinguer les sous-espèces de cet idiome que je reçois comme une avalanche indistincte.

Je voudrais cependant te faire part de quelques réserves au sujet de tes capacités.

Je soupçonne que ton aisance à évoluer dans cet apprentissage puise ses ressources dans une adhésion irréfléchie à une culture que tu adoptes sans l'évaluer. Par une fascination primitive, tu imites servilement des intonations de la voix, des gesticulations des lèvres, une théâtralisation de la face qui proviennent du pays d'outre-Manche. Déployant un talent de perroquet, tu prêtes ta vitalité à des expressions toutes faites que tu gobes sans les passer au filtre d'un appareil critique. Tu mêles sans prudence ni hésitation ta conscience, ta sensibilité, ton être intime à des enchaînements de phrases qui, pour être prononcées correctement, obligent ton visage à des mimiques dont tu n'es pas propriétaire.

Si tu évolues si bien dans l'acquisition de cette langue, c'est parce que tu acceptes une prostitution du corps et de l'esprit, consentant à devenir le sujet d'expressivités qui te sont étrangères. Tu ne crains pas de distordre ce que tu es pour l'adapter aux attitudes anglo-saxonnes qui mêlent l'hystérie d'émotions excessives à l'autorité de sons caverneux et incompréhensibles. Un paquet de croyances animent le fameux accent qui surgit de ta bouche comme d'un magnétophone. Et, dans une ignorance superbe, tu divulgues le charisme du créationnisme ou du néolibéralisme.

Ta supériorité dans le cours de langue trahit ta facilité à sauter de ton conformisme à un autre, et ainsi la vacuité de ta personnalité.

Il suffit d'ailleurs de consulter le contenu d'un livre d'apprentissage de l'anglais pour découvrir un catalogue des stéréotypes et des pensées consensuelles dominantes. C'est toujours au travers de ces clichés que les élèves apprennent les langues.

Ce que l'on nomme l'intonation n'est qu'une animation arbitraire de ces préjugés par des modulations sonores. Les cours d'intonation sont de véritables entraînements émotifs pour forcer l'assimilation des platitudes du patois mondial.

Tu comprendras qu'une méfiance instinctive m'interdise d'avancer à grandes enjambées dans cette culture d'aéroport et de transformer le corps qui me représente en un épouvantable mannequin aux agitations outre-Atlantique.

Afin de préserver ma valeur intellectuelle, je suis au regret de t'informer que je n'apprendrai la langue anglaise que sous le seul aspect qui me permette de la juger, la forme traduite.

Avec mes encouragements.

LA SITUATION

Un ami vous vante le livre numérique.

LA LETTRE

Cher Pascal,

Dans l'euphorie d'une conversation entre amis où chacun s'enthousiasmait sur les progrès technologiques, tu as fait l'éloge du livre numérique comme étant une irréversible et indiscutable révolution.

Comme toute innovation, l'objet s'impose matériellement, puisqu'il s'annonce irréversible, et intellectuellement, puisqu'il s'autoproclame indiscutable. L'écervelé qui le refuse est accusé de s'agripper au passé et l'imprudent qui le critique de blasphémer la libération de l'homme par les objets.

Or, ce concept innovant ne se définit pas par un nom mais par un adjectif qui qualifie un existant ancien. « Livre numérique » se réfère au livre dont il prétend, ainsi, copier les fonctions. Bref, il s'agit d'une imitation informatique d'un objet physique.

Sauf que la copie a pour vocation de remplacer l'original à l'exemple des machines qui, à force d'imiter l'homme, finissent par le supplanter.

Dans notre civilisation de l'image, même le livre est en train de devenir une image.

Tu sais que le livre physique, par son coût, sa matérialité, impose des limites, que ce soient celles de la longueur du texte ou de la sélection préalable par l'éditeur. Ces contraintes imposent des choix qui assurent la valeur de l'écrit. Le faible coût du livre numérique, l'absence de frais de diffusion et la réversibilité permanente de l'objet en font une poubelle. Ce livre électronique est public parce que disponible, comme une femme publique. Mais il n'est pas collectif parce que la collectivité est composée de hiérarchies et de décisions.

En vérité, il te manque le sens du sacré pour percevoir le profane. L'avènement du livre numérique, c'est l'intrusion des marchands dans le temple.

Or, le livre est le lieu de la parole des morts. Il remplace la transmission orale des sociétés traditionnelles. Le tri impitoyable des textes a pour fonction de les élever à la hauteur des mythes ancestraux. L'anarchie de l'espace numérique sans sélection, c'est le chaos culturel.

Ton excitation devant le livre électronique te montre aussi déstructuré que le champ d'Internet. Pour retrouver ses petits dans ta pensée inorganisée, il faudrait un moteur de recherche. Tu es addictif aux innovations parce que incapable de te renouveler toi-même. Tu préfères une quantité inépuisable de livres virtuels dans ta mémoire informatique à l'inépuisable d'un texte.

Le livre électronique, toujours modifiable, est un objet inachevé. Comme toi, fasciné par les potentialités plutôt que par les réalisations. Comme aussi ton visage d'incurable jeunesse, qui porte les fraîcheurs sournoises des engouements irréfléchis. Tes yeux plaqués sur l'air, ta bouche qui gobe le futur immédiat, tes sourcils qui se dressent pour comprendre les choses simples, tes joues plastifiées de gaieté systématique, ta gueule de personnage qui se prête à n'importe quel dialogue, te font ressembler au double électronique d'un humain. Prêt à tous les changements, tu restes un être virtuel, aussi peu sélectionné qu'un texte numérique.

Bon surf dans la réalité.

LA SITUATION

Des amis vous accusent d'être triste parce que vous ne buvez pas d'alcool.

LA LETTRE

Chers amis,

Mon refus, lors de notre précédent repas, de goûter au vin que vous partagiez tous a déclenché votre critique unanime. Vous m'avez en effet reproché d'être triste.

Je ne m'étendrai pas sur la soi-disante gaieté de celui qui a besoin d'une béquille pour accéder au plaisir. Je n'insisterai pas non plus sur votre rejet de la tristesse qui en dit long sur votre fraternité.

Je me bornerai à constater que, bien qu'anesthésiant, le vin échoue à engourdir votre malaise lorsqu'un rabat-joie démonte votre réjouissance. L'alcool vous protège de la dépression mais non des empêcheurs de jouir en rond qui marquent leur différence. Ainsi, c'est l'impuissance de la bouteille que vous fustigez en me traitant de triste.

Or, vous jouissez en consumant vos intelligences et vos projets. C'est bien parce que le vin utilise ce qui est positif comme carburant, par exemple en grillant la santé, qu'il récupère de l'énergie pour valoriser ce qui est négatif.

Devenus ainsi des ruines humaines, vous tentez de vous restructurer par des invraisemblances que vous débitez comme des cancres.

Vos mains doucereuses qui tremblent d'une anxiété désincarnée soulèvent des verres abominablement ventrus pour trinquer à de dérisoires patriotismes. Un esprit d'équipe tente d'universaliser, par l'effet de groupe, les énormes sottises que vous prononcez avec difficulté et qui déclenchent, par convulsions, des hilarités proches de l'effondrement. Vos regards de chiens battus mendient de l'affection comme un sucre rapide. Ayant choisi le suicide mais pas la mort, vous goûtez à petites doses les bénéfices de votre déchéance comme des auto-anthropophages.

Vous allez me rétorquer que j'exagère en vous traitant d'alcooliques alors que vous maîtrisez la consommation de vin, vous offrant simplement une fête de temps en temps, et que vos existences, par ailleurs tout à fait épanouies, n'ont rien à envier à la mienne.

Certes. Mais le plaisir que vous procure le vin montre votre entraînement à habiter cet espace psychologique spécifique. Un petit verre, et vous voilà chez vous, dans une cabine privée et familière, que vous avez progressivement aménagée. Cette personnalité, en devenant première à force d'y amasser des souvenirs, éloigne votre autre vie. Vous avez beau être PDG, dentistes ou avocats, vous restez avant tout buveurs.

Et si vous réussissez vos vies professionnelles ou amoureuses, c'est seulement pour augmenter le plaisir de les gâcher.

Bonne santé.

LA SITUATION

Un ami n'a jamais abordé avec vous la question de la publicité adressée aux enfants.

LA LETTRE

Cher ami et père de famille,

Depuis vingt ans que nous nous connaissons et avons échangé des discussions à bâtons rompus, tu n'as jamais évoqué le scandale de la publicité qui cible l'enfance.

Ce silence devient de plus en plus équivoque.

Je t'ai déjà entendu te scandaliser à l'occasion de faits divers, fustigeant l'assassin qui entraîne dans les bois une innocente fillette. J'observais ton visage dont les pièces détachées se rassemblaient brusquement dans cette expression courroucée du moraliste qui accuse le psychopathe. J'aurais aimé que ce même donneur de leçons s'anime devant le fait permanent, banal et répandu de la propagande marchande adressée à la prime jeunesse et qui court-circuite, à grand renfort de mensonges et de trivialité, l'éducation des parents.

Lors de soirées où nous avions échauffé nos idéaux, nous avions refait le monde avec un talent plus convaincant que le réel. Mais, même dans ces moments virtuoses, tu n'as jamais manifesté la moindre irritation au sujet de ces intrusions privées dans l'univers mental de tes enfants que, pourtant, tu protèges contre bien d'autres vulgarités.

La dimension publique de la publicité lui donne un relent d'officiel qui accapare la prétention à l'universel de l'État. En d'autres termes, les réclames dans la rue s'inscrivent dans la sphère collective, stimulant ton sens archaïque du sacré.

La présence massive de la publicité, en dépassant tes limites, s'impose à ton esprit comme tous les indiscutables qui nous débordent, la mort, Dieu, toutes ces choses contre lesquelles nous ne pouvons rien.

Vaincu par cette fascination, tu livres tes enfants aux commerçants dans un naturel coupable.

Et, du coup, je perçois différemment ta petite maison aux arbustes bien taillés, aux buissons aussi nains que les compagnons de Blanche-Neige, à la pelouse aussi rase que les cheveux d'un militaire, au jet d'eau touristique, aux murs badigeonnés d'une couleur conceptuelle, aux tuiles rationalisées, aux fenêtres blindées comme celles d'un quatre-quatre, avec son garage en kit qui abrite une voiture toujours neuve dont la carrosserie brillante renvoie le monde en coulisse, son chien affaissé qui bave pour se distinguer d'une peluche, sa balançoire en plastique vert administrativement conforme, son ballon de football égaré quelque part sur le terrain, seul objet aléatoire de ta vie, son écureuil en faïence, divinité commerciale, son petit cabanon de bricolage avec les râteaux aussi propres que des icônes d'ordinateur. Je vois autrement ton salon avec ses canapés hyper confortables perchés sur un carrelage glacé et glissant, tes murs tapissés de livres issus du capitalisme littéraire, tes peintures contemporaines qui se regardent elles-mêmes, tes photos de vacances affichées comme des trophées où les bouilles excessivement radieuses de tes enfants légitiment ta machine à vivre, ta lampe au design agressif qui la dissocie de toute origine, ton écran télévisuel géant en forme de terrain de sport, ton meuble vitré garni de verres qui brillent comme un liquide vaisselle, ta chambre à coucher façon hôtel pour te sentir chez toi quand tu voyages, tes WC avec des gags punaisés au mur pour indiquer que la décontraction se résume au fait de baisser culotte, ta salle de bain luxueuse qui interdit aux corps de vieillir, ta tondeuse en panne pour un peu d'aventure, tes ordinateurs portables comme des carnets dispersés sur les meubles, ton système d'alarme pour préserver un intérieur que tout le monde comprend.

Bref, tu ne vois pas les publicités car tu vis dans une publicité.

Bon confort.

LA SITUATION

Une bourgeoise vous invite dans une maison sophistiquée qui vous exclut.

LA LETTRE

Chère Madame de la Trémontade,

Je ne peux que vous remercier de votre invitation et n'ai strictement rien à vous reprocher. Vous avez su m'accueillir avec les plats les plus raffinés et m'interroger avec tact pour me permettre de m'exprimer.

Mais je voudrais cependant préciser quelques points.

Tout d'abord, l'excellence de votre menu et la richesse de votre décoration empêchent tout retour d'invitation. L'écrasant luxe de votre réception ne peut qu'inhiber ceux qui n'ont ni les moyens financiers ni l'entraînement aux arts de la table pour gratifier ainsi leur invité. Autrement dit, le haut degré de l'honneur que vous me faites, en interdisant toute réciprocité, se transforme en aumône.

Vous-même, dont les gestes étudiés et le langage éduqué vous distinguent de la simplicité des gens communs, empêchez toute symétrie dans la relation.

Votre extrême politesse et inaccessible élégance désobligent tous ceux qui tenteraient de vous ressembler. La supériorité de votre apparence est un métier enseigné depuis l'enfance qui vous assure une avance irrattrapable sur votre prochain. La qualité de votre conversation, la finesse de vos remarques, la virtuosité de vos réparties sont des procédés pour maintenir autrui à distance.

Vous vivez d'ailleurs dans un musée, qu'il soit des arts décoratifs ou de la gravure ancienne, qui ne saurait dénoncer chez vous quoi que ce soit de personnel qui pourrait être critiquable. Vous vous faites représenter par des objets qui ont franchi le recul historique et dont la valeur reconnue par tous impose le silence à chacun.

En m'invitant, vous m'élevez jusqu'à vous en me prêtant, pour une soirée, quelques heures de vos privilèges. Comme vos années d'oisiveté, que vous devez à un héritage, vous ont permis de vous instruire, vous disposez, en plus de votre patrimoine financier, de ce capital culturel qui vient, après coup, légitimer la fortune dont vous a injustement doté votre naissance.

En me recevant à votre table, vous spéculez sur mon éventuelle notoriété future, au cas où mon travail d'écriture soit un jour reconnu.

N'ayant aucune intuition pour juger un écrivain, vous vous fiez à des indices, comme les citations dans la presse ou la côte de l'éditeur, à la manière d'un spécialiste du tiercé.

Votre inquiétude est de passer à côté, non de l'actualité, mais de la part de l'actualité qui restera dans l'Histoire, votre famille vivant par contagion.

Ainsi, vous tentez de prévoir le futur comme d'autres jouent au loto. Et pendant que votre époux dilapide son temps à la loterie de la bourse, vous perdez le vôtre au casino de l'art en flairant dans les librairies ou les galeries.

Mais votre spéculation n'est pas financière. Elle est symbolique puisque vous misez sur la célébrité des personnes que vous fréquentez.

Vous ne m'invitez donc pas pour mon présent mais pour mon avenir. Un avenir que je ne vivrai pas puisque ma reconnaissance éventuelle viendra après ma mort, mais dont vos descendants jouiront en se vantant des excellentes relations de leurs aïeux.

Bref, à mon insu, c'est pour votre famille que je travaille. Et c'est pour ce travail que vous m'avez défrayé d'un bon repas.

Bonne descendance.

LA SITUATION

Un patron propose de baisser le salaire minimum.

LA LETTRE

Monsieur le P.D.G.,

Je vous ai entendu sur les ondes suggérer de sous-payer les employés pour réduire le chômage, prétendant qu'il valait mieux travailler pour un revenu en dessous du salaire minimum que de rester inactif.

L'énormité de cette proposition, qui dénie vos privilèges, les sommes colossales détournées vers la spéculation, l'augmentation scandaleuse des inégalités, m'instruit sur sa véritable signification. En effet, aujourd'hui, plus personne n'ignore que la finance vampirise l'économie, que les gouvernements sont les valets des multinationales et que l'entourloupe planétaire ruine les peuples pour le bénéfice de quelques-uns. Le mécanisme mafieux qui s'est emparé du monde a pris de telles proportions qu'il ne peut plus se dissimuler. Alors, débusqué par son gigantisme, il a choisi de se revendiquer.

Lorsque vous osez sur les antennes publiques promouvoir l'esclavage comme réponse aux difficultés de l'emploi, vous fabriquez un spectacle. Cette mise en scène est une démonstration de force. L'indécence de vos propos sert à intimider.

Elle montre que vous avez renoncé à toute justification, et que l'unique argument qui vous reste, c'est votre puissance brutale.

Du coup, vous imposez comme seule raison au sacrifice collectif le fait accompli de votre position dominante. Le but du travail de l'ensemble du corps social, ce sont les enjoliveurs de votre voiture. Notre horizon, vos intestins volumineux. Le visage qui incarne le pourquoi des efforts de millions de travailleurs, le vôtre, avec ses joues domestiques, ses yeux de chien de garde, sa mauvaise santé colmatée d'aliments de synthèse, son odeur de paternalisme mou, sa bouche en forme de confusion.

La pyramide de l'exploitation aboutit ainsi à la satisfaction d'un singe gras qui jouit d'être haï comme signe de réussite et qui, pour augmenter son triomphe, stimule la haine des travailleurs par des offenses renouvelées.

Alors, pour ne pas donner de l'eau à votre moulin, je vais vous aimer. La tâche est difficile. Comment s'attendrir devant un corps sans gouvernail qui ne tient debout que par l'unité de sa vulgarité ? Comment ressentir de la compassion devant un salaud invertébré ?

Je crois avoir trouvé. Comme vous n'existez pas, je vais aimer vos éléments disjoints, aimer ce nez bourgeonnant aux chairs aléatoires, ces yeux oubliés dans les ravins d'un visage sans limite, ces mains depuis longtemps divorcées, cet appareil génital qui conserve pieusement un patrimoine génétique encore innocent, ce nombril qui mériterait d'être débouché, cet épiderme corrompu par la pesanteur, ces oreilles honteusement abandonnées, bref, ces morceaux de vous-même que vous exploitez indignement.

Bon profit.

LA SITUATION

Un amateur d'art vous assimile à Picasso parce que vous peignez dans le genre cubiste.

LA LETTRE

Cher amateur,

Devant l'une de mes toiles cubistes, vous vous êtes exclamé : « C'est du Picasso ! »

Cette phrase en forme de slogan, facile à comprendre et aisée à entendre, sonnait comme une révélation réduisant l'œuvre à la reprise d'un procédé. « C'est du Picasso ! » résonnait comme « J'ai trouvé le truc ! » Ainsi, la magie de l'œuvre n'opérait plus. La peinture était défaite, son escroquerie débusquée.

Or, ce jugement insulte Picasso et le cubisme. C'est d'abord supposer possible de faire du Picasso. Comme si la peinture de cet artiste était un langage utilisable et non l'addition de trouvailles sans cesse renouvelées que le peintre catalan devait chaque jour à son génie plutôt qu'à un savoir-faire. Et comme si le cubisme était le style de Picasso et non un registre pictural, pourtant décliné par nombre de grands peintres comme Braque ou Léger pour ne citer qu'eux.

Lorsqu'un musicien compose du jazz, personne ne lui dit : « C'est du Amstrong ! » Chacun admet que la musique se déploie dans des genres à l'intérieur desquels le compositeur exerce ses inventions. Paradoxalement, c'est lorsqu'un genre est exploré par peu d'artistes qu'on les assimile les uns aux autres.

Par exemple, dans le champ de l'humour, un écrivain sera automatiquement comparé à Pierre Dac ou Alphonse Allais, même si son travail ne doit rien à ces deux prédécesseurs.

Alors que les romanciers, parce qu'ils sont innombrables, ont beaucoup plus de chances d'être identiques. Et personne n'ira reprocher à un écrivain au style parlé et aux scénarios convenus de ressembler à tous les médiocres avec lesquels il se mélange.

Mon approche picturale, qui relève d'un néocubisme en trois dimensions qui distord l'espace euclidien plutôt que de le briser, est amalgamée au travail de Picasso de la même façon que les colons confondaient tous les Africains. Votre regard sur mes peintures est simplement raciste.

Vous êtes coupable de proférer des généralités sur l'art comme les post-coloniaux qui proclament des vérités universelles sur les jumeaux, les handicapés, les nains, les géants du Nord, les rousses ou n'importe quelle personne ayant le malheur de posséder un trait identifiable.

Lorsqu'une œuvre d'art manque de talent pour accéder à une lisibilité, elle échappe aux jugements réducteurs. Les productions amorphes contemporaines, traces sans netteté, assemblages incohérents, éruptions aléatoires, meurtrissures dupliquées, images brutes, mixités indéfinies, cris impersonnels, facilités dégoulinantes, font croire par leurs inextricables approximations à d'hypothétiques profondeurs. Devant les faux mystères de ces crachats sans risque, la critique effrayée se prosterne.

Mais dès qu'un artiste construit une représentation, il est catalogué, c'est-à-dire punaisé.

C'est parce que vous ne comprenez pas le génie que vous ne pouvez le distinguer d'un autre.

L'insensibilité artistique n'est que le déni d'autrui, c'est-à-dire une pathologie.

Peut-être qu'un suivi médicamenteux, en déstructurant votre espace euclidien, lui permettra de dégager une place à l'inconnu.

Bonne thérapie.

LA SITUATION

Un président traite les chômeurs de paresseux.

LA LETTRE

Monsieur le président,

J'ai été catalogué par votre allocution comme fainéant parce que je suis sans travail.

Je vous rappelle que, si je suis assis par terre, c'est simplement parce qu'il n'y a pas assez de chaises pour tout le monde. Mais je sais que votre point de vue diffère. Vous prétendez que chacun peut entreprendre et créer sa propre richesse.

Permettez-moi de vous rappeler que la richesse ne cesse de croître dans notre pays puisque la production augmente chaque année. La mécanisation, l'automatisation et l'informatisation, d'une part, la mise en commun de nombreuses taches par les fusions d'entreprise, d'autre part, améliorent l'efficacité de la France tout en évacuant de plus en plus des travailleurs. Bref, la rationalisation et les machines remplacent les hommes.

Ils les remplacent à tel point qu'une grande partie de ceux qui travaillent encore sont des parasites. Les publicitaires, les agents immobiliers, les intermédiaires, les représentants, les bonimenteurs ne seront pas qualifiés de tire-au-flanc parce qu'ils se lèvent le matin pour plumer le système ou les consommateurs.

D'autres sont néfastes à la civilisation. Les industriels de la culture qui abêtissent l'humanité, les ingénieurs qui programment l'usure prématurée des objets, les inventeurs qui fabriquent les nouveaux gadgets d'aliénation de la jeunesse, les chimistes qui créent les poisons pour l'homme ou pour l'environnement, les spéculateurs qui exproprient les habitants en gonflant le prix des logements, les architectes qui enlaidissent le patrimoine ne seront pas assimilés à des oisifs parce qu'ils se lèvent tôt pour trahir la vie et la culture. Les hommes politiques, qui besognent quatorze heures par jour pour doper de leurs décisions et de leurs discours l'effondrement de l'économie et la destruction de la planète, se considèrent comme laborieux parce qu'ils se lèvent tôt pour organiser leurs destructions.

Monsieur le président, je vous demande de comparer le coût d'un chômeur avec celui d'un entrepreneur qui épuise les ressources de la nature ou les économies de ses contemporains. Et vous prétendez que créer sa propre entreprise produit de la richesse ?

Vous prétendez réaliser une société de loisirs en déléguant le travail aux machines. Puis vous laissez les machines enrichir leurs seuls propriétaires et abandonner ceux à qui elles ont volé le travail. Vous continuez en insultant les victimes de ce hold-up. Et vous achevez en valorisant les pique-assiette qui profitent de cette escroquerie.

Monsieur le président, vous occupez un poste de pouvoir et vous êtes le roquet des multinationales. Vous aboyez au service de la mafia financière en insultant le peuple. En faisant porter au chômeur la responsabilité de sa situation, vous l'accusez des méfaits de la resquille mondialisée.

Comme la majorité des hommes politiques, vous avez les paupières qui tombent et vos yeux, vidés de toute liberté, n'ont que le recours à la voracité pour s'animer. Paniqué à l'idée de mourir, vous cherchez l'immortalité dans la démesure. Le respect des valeurs étant une limite qui vous rappelle votre finitude, vous bafouez les valeurs en servant le gangstérisme international. Mais le drame de l'exclusion, consécutif à votre politique, vous revient alors comme un reproche. Rabaisser son martyr pour se déculpabiliser est alors une ruse de bourreau. Lorsqu'un pays perd une guerre, les dirigeants accusent le peuple plutôt que les généraux.

Détruire la planète, l'emploi, la qualité de vie, la santé, la culture, la beauté des paysages, le lien social, bref la civilisation et la nature, est un travail.

Pour lutter contre ces anéantissements, je revendique ma chaise longue.

Et, mis sur la touche par ce système d'escrocs, je jouis d'être exclu de la bêtise en général et de la vôtre en particulier.

Bon antidépresseur.

LA SITUATION

Vous voyez Dieu et il vous déçoit.

LA LETTRE

Cher Créateur,

Après avoir payé d'avance par d'interminables austérités, puisque tu ne fais pas crédit, j'ai pu enfin découvrir Ta face.

Et je suis obligé de t'annoncer qu'elle m'a déçu. Car, après avoir déjà contemplé la beauté dans la nature ou les œuvres d'art, j'ai découvert qu'on n'obtient rien de plus à l'apprécier à la source. Et après avoir déjà goûté aux joies de l'amour sur cette planète, je me suis aperçu qu'on ne gagne pas davantage à répéter cet exercice avec Toi.

Le seul intérêt de Te rencontrer est sans doute de briser les chaînes qui nous attachent aux objets mondains et d'acquérir ainsi une autonomie. Mais la bouteille de vin ne remplit-elle pas la même fonction ?

D'ailleurs, l'addiction à la divinité libère du monde mais non de l'attachement. Il n'y a qu'à voir les vies misérables qu'acceptent les fous de Dieu, prêts comme n'importe quel toxicomane à toutes les humiliations plutôt que de renoncer à Toi.

Une fois qu'on T'a identifié, on Te voit en tout. En conséquence, à force de Te retrouver en chaque personne, je trouve les gens interchangeables.

Et si j'aime tout le monde depuis que je T'ai rencontré, c'est bien parce que je ne préfère plus personne, dans une inquiétante absence de sens critique.

Lorsque je m'isole dans un temple pour savourer Ta grandeur, je deviens inutile à ceux qui ont besoin de moi. Et si j'entreprends d'adoucir les souffrances de mes semblables, j'agis contre l'ordre que Tu as créé.

Et puis la jouissance extatique intégrale que Tu proposes, béatitude sans limites et sans fin a, dans son systématisme et sa surdité, quelque chose d'entêté et d'indifférent qui ne respecte pas ma liberté.

Maintenant que Ta présence me prouve que je suis éternel, je me sens condamné à l'existence comme un perpétuel insomniaque.

Si Tu as d'ailleurs produit un monde, c'est parce que Tu ne Te suffis pas. Le problème est que le monde est lui aussi incomplet puisque les hommes Te recherchent. Et qu'abandonner le monde pour Toi n'est qu'un troc entre deux objets insuffisants.

C'est pourquoi la vraie réponse est d'arriver à être à la fois psychopathe et structuré, pécheur et saint, névrosé et libre, escroc et honnête, souffrant et bienheureux, afin de disposer de l'entièreté du banquet.

Pour cette raison, je ne Te rejette pas entièrement, Te conservant parmi mes fréquentations, mais à égalité avec mes amis égarés, médiocres ou intéressants.

L'Absolu n'étant qu'une pièce pour assembler le monde, Tu n'es ni moins ni plus indispensable que le moindre perroquet, la simple fougère ou le premier venu à qui j'offre volontiers le thé.

À la prochaine.

LA SITUATION

Une copine ne décroche jamais son téléphone portable quand vous lui téléphonez.

LA LETTRE

Chère Amélie,

Bien que dotée d'un téléphone portable pour rester en permanence connectée à tes prochains, tu renvoies systématiquement les amis qui t'appellent à ton répondeur.

Ainsi, la possibilité de te joindre à n'importe quel moment ne multiplie pas les contacts avec toi mais les messages à sens unique qui tombent dans ta boîte électronique comme des demandes d'emploi. Tu transportes une nasse qui capture au fil de la journée les essais infructueux de tes semblables. Ensuite, comme une star, tu tries les propositions et sèmes tes réponses au gré de tes caprices.

Autrefois, l'obstacle à la communication était la distance physique. Aujourd'hui, c'est ton humeur. Autrefois, on se battait avec le monde objectif. Aujourd'hui, avec ton monde subjectif. Autrefois, on était dominé par la réalité. Aujourd'hui, par toi.

Quand un chevalier amoureux envoyait une lettre à sa princesse, la rareté de l'objet et l'aléa de son transport avaient raison de la résistance de l'élue. Chavirée par la seule vue de l'enveloppe, elle se précipitait pour dévorer le courrier. La banalisation des moyens de communication déprécie aujourd'hui la valeur du message et celle de son expéditeur. Par contre, le destinataire, en coupant son appareil, peut revaloriser sa position.

Si le téléphone peut ainsi flatter ton nombrilisme, c'est parce que ton nombrilisme existe. En effet, tu t'attribues gratuitement la beauté impersonnelle de la jeunesse, la fraîcheur imméritée de l'adolescence, la santé biologique et toutes ces récompenses qui viennent avant l'effort.

Et si, comme un appât, tu attires les mots doux dans le piège de ton enregistreur, c'est pour mesurer au nombre d'appels l'importance de ton audimat. C'est seulement quand ta popularité s'effondre que tu réponds à tes prétendants comme un démagogue qui repart en campagne.

Tant que ton outil de sondage t'informe que tu plais toujours, tu peux repousser le choix d'un mari et prolonger d'autant ton amour avec toi-même.

Mais, jaloux à l'avance de celui qui t'épousera et t'enlèvera à moi, j'éternise ton immaturité en criblant ta boîte virtuelle de votes électroniques qui rehaussent artificiellement ta côte. Comme nous sommes nombreux à agir pareillement, tu n'es pas encore libérée de ton miroir informatique, prisonnière plus encore de ses hommages que nous de ta souricière.

Bonne issue.

LA SITUATION

Un riche n'a pas une gueule de salaud.

LA LETTRE

Cher nanti,

Malgré votre fortune, vous avez une bonne tête. Et votre visage ouvert et sympathique ne semble pas être un masque dissimulant votre nature de prédateur mais la véritable expression de votre orientation intérieure.

La qualité de votre âme malgré une situation privilégiée pose question. Vos yeux amicaux et votre sourire de tonton boute-en-train apparaissent comme une anomalie égarée dans le confort de la classe dominante, commodité qui est le résultat de siècles d'exploitation.

On ne peut qu'en déduire que vous avez effacé les causes de votre situation. Le fait accompli de votre richesse vous procure un sentiment d'évidence qui naturalise votre situation. Votre portefeuille vous appartient comme un organe. Vous vous identifiez à votre puissance financière comme un adolescent à ses muscles. Ce révisionnisme ajoute au luxe de vos possessions celui de pouvoir être humain. Vous fonctionnez comme un psychotique dont la personnalité, scindée en deux, se permet une part authentique sans entendre le démenti de l'autre moitié.

Un salaud de patron, avec sa face de carnassier, ses sourcils pervers, ses yeux enfoncés dans des cachettes, ses grosses mains de terrien de la finance, son col trop propre de braconnier, informe des raisons qui l'ont enrichi. Sa peau est marbrée de sueurs haineuses dont les liaisons lui fournissent l'énergie pour vaincre. D'où ces rougeurs qui l'assimilent à une monstrueuse muqueuse qui aspire et digère jusqu'à la congestion. Mollusque aux limites imprécises, il est au moins cohérent avec sa place au soleil. Alors que vous, en arborant un visage attendrissant de papa gâteau, vous ajoutez, par cette humanité, une insulte supplémentaire à ceux que votre mode de vie démunit.

Vous auriez une face de rapace que vous seriez déjà haïssable. Mais vous l'êtes encore plus avec un regard sensible et aimant.

De grâce, privilégiés, profiteurs, héritiers, exploiteurs, dominateurs, tricheurs, faussaires, rançonneurs, spoliateurs, tyrans, laissez les qualités humaines aux pauvres. Après les avoir dépouillés de leur sécurité, de leur santé, de leur espérance et de leurs biens, laissez-leur au moins le monopole de cette valeur psychique qui leur revient de droit.

Ne soyez pas tout à la fois humains et riches. Et si vous ne voulez renoncer à votre humanité, payez-en le prix en abandonnant vos patrimoines.

Bref, pour respecter les pauvres, soyez pauvres ou salauds.

Bon choix.

LA SITUATION

Une fleur s'affiche belle en dépit des contrariétés de votre vie.

LA LETTRE

Cher bouton d'or,

Tu exposes ta beauté dans une paisible innocence et une totale indifférence malgré le sort tragique des êtres humains.

Nous sommes habituellement choqués par l'insensibilité du cosmos. La froideur des planètes, le vertige du vide, l'immuabilité des galaxies blessent l'entendement. Mais les glaciales réalités de l'univers narguent moins l'homme que ton impudique joliesse.

Pire. Tu montres que tu t'accomplis d'autant plus aisément que tu es inférieure. Alors que je suis né au sommet de la pyramide de l'évolution, dans le corps cérébralisé d'un *Homo sapiens*, avec les défis que cela comporte, tu t'épanouis dans ton organisme végétal sans fatigue ni angoisse, dans le bénéfice immédiat de ton statut passif, au mépris des souffrances de ma personne civilisée.

Sans haine et sans plaisir, tu étales l'offense de ta réussite sous mes yeux vaincus d'homme inachevé. Ton parfum, en détendant mes nerfs et en m'ouvrant à des pensées pacifiques, vient, de plus, me donner des leçons, à moi, l'entité complexe et supérieure.

Si les êtres négligeables suffisent, dans leur évidente perfection, à justifier la vie dans l'univers, à quoi sert-il que je m'épuise chaque matin à quitter mon lit pour améliorer le destin du monde par un labeur pour lequel je me sacrifie ?

Plus grave encore, je ne possède même pas la liberté de te détester. Ton pouvoir de séduction me manipule. Avant même que je ne formule des critiques à ton égard, tu as comblé mes yeux, détendu mon humeur, atténué mon inquiétude, restauré mes blessures. L'arrogance de ta splendeur ne m'apparaît qu'après coup, quand j'écoute ma raison plutôt que mes sentiments.

Et encore, je ne suis pas totalement convaincu. Un doute persiste sur le bien-fondé de mes reproches, doute dont je te rends responsable.

Quel est mon désir ? que tu refermes ta couronne en signe d'austérité quand je suis tracassé afin de respecter mes soucis. Tu me réponds que le cosmos, avec ses planètes mortes, sa nuit éternelle, son froid absolu, le fait déjà par anticipation ? Que les fleurs ne sont que de maigres exceptions qui luisent faiblement dans un univers cruel comme les bougies dans une église sinistre et sombre ? Que tu es chétive, précaire et minuscule par discrétion ? Que mon tort est de te regarder avec un œil grossissant, te métamorphosant en un soleil prétentieux ? Que je n'ai qu'à te prendre pour ce que tu es, un presque rien ?

Et voilà qu'une fois de plus, c'est toi, depuis le bas de l'échelle évolutive, qui m'enseigne, bafouant les montages culturels qui me construisent.

Si mes difficultés pouvaient, une seule fois, affecter le jaune de tes pétales, j'aurais le sentiment d'exister. Mais comme ce miracle n'arrivera jamais, c'est que j'existe moins, malgré ma conscience et ma sensibilité, que toi, avec ta surdité.

Bon printemps.

LA SITUATION

Un professeur de biologie vous enseigne que le lion est un canidé.

LA LETTRE

Monsieur le professeur,

Dans votre dernier cours de sciences de la vie, vous avez professé que le lion est un canidé à cause de sa manière de s'asseoir. J'ai eu beau protester que le roi des animaux était un félidé, mon jeune âge n'a pas fait le poids contre votre diplôme.

Que vous utilisiez votre position de professeur pour enseigner vos préjugés à de jeunes enfants sans défense intellectuelle est un abus de pouvoir qui ne respecte ni vos élèves ni les lions.

Mais permettez-moi de me pencher sur l'origine de votre erreur.

Elle provient d'un transfert de valorisation. Le chien étant, à vos yeux, supérieur au chat, vous prêtez au plus puissant des prédateurs la noblesse que vous attribuez au canidé. Il vous est difficile d'admettre que le lion qui domine le monde animal appartienne à la famille de la grâce et de la souplesse plutôt qu'à celle de l'agressivité mécanique. Vous préférez le chien au chat parce qu'il est facile à comprendre. Cet esclave de l'humain aux comportements robotisés offre une lisibilité à l'intelligence pratique. Le chat, dont les postures méditatives échappent à l'intuition ordinaire, se trouve de ce fait dévalué.

Vous préférez le chien au chat comme la moto au vélo, le café au thé, le roman policier au recueil de poèmes, la course d'endurance à la promenade romantique, la boxe au yoga, le sport automobile à la contemplation, la musique rock aux chants extatiques, la publicité à l'art, l'ouvre-boîtes électrique à son homologue manuel, le quatre-quatre à la deux-chevaux, la casquette au bonnet, le gros rouge à l'eau pétillante, la chasse à la pêche, les revues pornographiques aux chansons d'amour.

Le chat, qui a inspiré Baudelaire et qui occupe la place mystique de l'interrogation, vous apparaît comme féminin alors que le chien, soldat du territoire, vous semble masculin.

La suprématie du lion est pour vous le non-sens de la réussite du féminin. Bref, le triomphe de ce grand chat humilie votre identification virile au chien, au point que vous diffusez dans vos classes de collège une propagande pour restaurer la bêtise canine.

Et il est vrai que la bêtise possède une indéniable dimension masculine. Elle en a la force et le vide.

Et votre entêtement dans la contre-vérité est une impuissante tentative de jouer à l'homme.

Mais moi, étant encore un enfant, et n'ayant donc rien à prouver quant à ma virilité, j'ai la capacité d'accepter que le lion soit un félidé et que la puissance qui procède de la beauté surplombe celle fondée sur la laideur. Bref, j'ai l'âge de ne pas être encore misogyne.

Bonne journée.

TABLE

Ce deuxième tirage
de cette deuxième
édition du 80e volume de
l'Arbre vengeur a été achevée
d'imprimer en France par
l'imprimerie CPI en novembre 2014.

Dépôt légal : 4e trimestre 2014

Diffusion / distribution :
Les Belles Lettres

Éditions de l'Arbre vengeur
15 rue Berthomé
33400 Talence

www.arbre-vengeur.fr